Abraçar a dúvida

Dados Internacionais de Catalogação na Publicação (CIP)
(Câmara Brasileira do Livro, SP, Brasil)

Grün, Anselm.
  Abraçar a dúvida : a crise como sinal de avanço pessoal / Anselm Grün ; tradução de Markus A. Hediger. – Petrópolis, RJ : Vozes, 2022.

Título original: Den Zweifel umarmen
Bibliografia.
ISBN 978-65-5713-418-4

1. Autoaceitação 2. Autoconhecimento – Aspectos religiosos – Cristianismo 3. Esperança – Aspectos religiosos – Cristianismo 4. Fé (Cristianismo) 5. Vida cristã I. Hediger, Markus A. II. Título.

21-96347 CDD-234.23

Índices para catálogo sistemático:
1. Dúvidas de fé : Cristianismo 234.23
Aline Graziele Benitez - Bibliotecária - CRB-1/3129

Anselm Grün

Abraçar a dúvida

A crise como sinal de avanço pessoal

Tradução de Markus A. Hediger

Petrópolis

© 2019 by Kösel Verlag, München Verlagsgruppe Random House, Alemanha
Foreign Rights representado por Vier-Türme GmbH, Münsterschwarzach.

Tradução realizada a partir do original em alemão intitulado
Den Zweifel umarmen – Die eigene Krise als Zeichen des Vorankommens

Direitos de publicação em língua portuguesa – Brasil:
2022, Editora Vozes Ltda.
Rua Frei Luís, 100
25689-900 Petrópolis, RJ
www.vozes.com.br
Brasil

Todos os direitos reservados. Nenhuma parte desta obra poderá ser reproduzida ou transmitida por qualquer forma e/ou quaisquer meios (eletrônico ou mecânico, incluindo fotocópia e gravação) ou arquivada em qualquer sistema ou banco de dados sem permissão escrita da editora.

CONSELHO EDITORIAL

Diretor
Gilberto Gonçalves Garcia

Editores
Aline dos Santos Carneiro
Edrian Josué Pasini
Marilac Loraine Oleniki
Welder Lancieri Marchini

Conselheiros
Francisco Morás
Ludovico Garmus
Teobaldo Heidemann
Volney J. Berkenbrock

Secretário executivo
Leonardo A.R.T. dos Santos

Diagramação: Sheilandre Desenv. Gráfico
Revisão gráfica: Jaqueline Moreira
Capa: Ygor Moretti

ISBN 978-65-5713-418-4 (Brasil)
ISBN 978-3-466-37251-5 (Alemanha)

Este livro foi composto e impresso pela Editora Vozes Ltda.

Sumário

Introdução, 7

Dúvida e conhecimento, 11

Dúvida no relacionamento, 16

Dúvida em relação à capacidade dos funcionários, 22

Dúvidas de si mesmo, 26

Dúvida e fé, 31

A dúvida em doença e aflição, 77

Dúvidas em relação aos dogmas, 91

Como lidar com as dúvidas dos filhos, 98

Fé e desespero, 103

O desespero como experiência fundamental do ser humano, 111

Considerações finais, 119

Referências, 123

Introdução

Às vezes, as pessoas se acusam no confessionário: Duvidei de Deus. Ou: Duvidei da minha fé. Acreditam que dúvida é pecado. Mas a dúvida é parte essencial da fé. A dúvida pretende fortalecer e desafiar a fé para que nos perguntemos sempre de novo: em que eu acredito? O que isso significa: Deus existe, Cristo ressuscitou, somos salvos através de Cristo? O que significa vida eterna para mim? Visto que o ser humano não tem como reconhecer a natureza verdadeira de Deus, a dúvida permanece um companheiro importante na busca para compreender o mistério de Deus de forma cada vez mais profunda.

Mas existe também a dúvida que questiona tudo, não para alcançar uma fé mais profunda, mas para manter a fé longe de si. Duvidamos e questionamos tudo para podermos viver longe de tudo que seja fé, para não termos de assumir nenhuma responsabilidade. Esse questionamento se refere não só à fé, mas a todo conhecimento. A filosofia chama isso de *a dúvida absoluta*. Essa dúvida resulta em ceticismo. Ela nega todo conhecimento e assim justifica a sua passividade. O cético sempre mantém distância de tudo. Ele não assume nada, nem a fé, nem o conhecimento, nem a responsabilidade pelas suas ações. Permanece espectador. A filosofia conhece também a dúvida existencial, que duvida do sentido da existência. Essa dúvida leva ao desespero. O desespero – *desperatio* em latim = ausência de qualquer esperança – é visto como pecado na tradição espiritual. A palavra alemã "Ver-zweiflung" (algo como "enduvidar-se", em português), se refere à dúvida radical que nos rouba o fundamento do nosso ser, a raiz da nossa existência.

Dúvida existe não só na fé, mas também no relacionamento. Quando um homem se apaixona por uma mulher, ele conhece também a dúvida e se pergunta se ela é a mulher certa para ele. E mesmo que ele se una a essa mulher em matrimônio, as dúvidas surgem nele. E existe a dúvida como impulso da ciência. Um ditado iraniano diz: "A dúvida é a chave para o conhecimento". A dúvida nos encoraja a pesquisar melhor aquilo que nos parece duvidoso. Chamamos isso de *a dúvida metódica*. Ela serve para avançar cada vez mais no conhecimento. Existe, porém, também a dúvida moral, que nega todos os padrões éticos e assim leva ao relativismo.

A palavra alemã "Zweifel" (dúvida) vem das palavras "zwei" (dois) e "falten" (dobrar). Algo é dobrado duas vezes. Dúvida significa então: "Incerteza diante de uma possibilidade dupla". Quando refletimos sobre a dúvida, nós nos deparamos com uma experiência fundamental da existência humana. Percebemos que tudo é duplo: existe luz e escuridão, céu e terra, homem e mulher, fé e descrença. A vida traz dualidade. Ao mesmo tempo, porém, ansiamos pela união, pelo ser um. Esse anseio era muito forte nos gregos. Assim, a dúvida nos leva à essência da nossa existência humana. Como seres humanos, somos corpo e alma, espírito e matéria, homem e mulher. Sempre temos dois polos dentro de nós. Mesmo assim, ansiamos pela união – pela harmonia conosco mesmos. Mas esse caminho que leva à união sempre passa pela dualidade, pela duplicidade. Por isso, o ser humano conhece não só a experiência da dúvida e da incerteza, mas também o anseio pela união e certeza. Especialmente no nosso mundo pluralista, onde há tantas ofertas de sentido que chegam a confundir as pessoas, nós ansiamos por um ponto de apoio, por clareza, por segurança na fé e em sua visão da vida.

Por isso, quero refletir não só sobre a dúvida e o desespero, mas também sobre a experiência que nos faz saber algo com certeza, em que algo se torna absolutamente claro para nós. A certeza pode ser uma experiência espiritual, semelhante àquela que Blaise Pascal teve na noite de 23 de novembro de 1654. Naquela noite, Pascal vivenciou a presença de Deus como certeza e alegria. Ele registrou essa experiência em seu famoso memorial: "Fogo. Deus de Abraão, Deus de Isaque, Deus de Jacó, não dos filósofos e estudiosos. Certeza, certeza, sentimento: alegria, paz. Deus de Jesus Cristo". Tais experiências de certeza são experiências da graça. Em tais momentos, a dúvida é suspensa. De repente, tudo fica claro, e sentimos uma certeza interior: esta é a verdade. Nisso podemos confiar. Todos nós ansiamos por tais experiências.

Mas não existem apenas essas experiências místicas de uma certeza profunda. Existem pessoas que têm certeza de sua fé. Elas não a questionam. Não são pessoas inflexíveis e obstinadas. Elas irradiam uma certeza natural. Essas pessoas possuem uma confiança profunda na vida e estão firmemente ancoradas em Deus. O fato de estarem firmados num solo firme lhes dá a capacidade de enfrentar os desafios da vida. Todos nós ansiamos por essa certeza, por uma fé que nos sustenta, como Paulo deseja para todos: "Permanecei firmes na fé, sede corajosos e fortes" (1Cor 16,13). Em vista de todas as dúvidas e todas as incertezas na nossa vida, nós ansiamos por uma fé como aquela que descreve a carta aos Hebreus: "A fé é o fundamento do que se espera e a prova das realidades que não se veem" (Hb 11,1). Em meio a toda a incerteza e todas as dúvidas que nos cercam, precisamos também de um fundamento firme, que nos sustenta. Neste livro, quero refletir sobre como fé e dúvida são inseparáveis, como dúvida e o anseio por certeza complementam um ao outro e qual função a dúvida exerce em nossa vida, onde a dúvida fortalece a fé e o conhecimento e onde a dúvida nos impede de viver e crer, como podemos lidar com o desespero que, vez ou outro, se apodera de nós.

Dúvida e conhecimento

A filosofia começa com o espanto, dizem alguns. Os outros: ela começa com a dúvida. Pois a dúvida nos obriga a refletir mais sobre nós mesmos, sobre a vida, sobre o ser humano e sobre Deus. O teólogo e filósofo medieval Abelardo afirma: "A dúvida nos leva à investigação; na investigação compreendemos a verdade". Abelardo acreditava que era necessário questionar todas as máximas filosóficas, mas também as doutrinas da fé para reconhecer melhor qual era realmente a verdade. A investigação nos ajuda a reconhecer o que os artigos da fé realmente querem dizer. Simplesmente acreditar nas palavras sem analisar seu teor de verdade – isso viola a dignidade do espírito humano. Por isso, Abelardo desenvolveu o método do *sic et non*, para enxergar e reconhecer através da dúvida aquilo que realmente sustenta. A filosofia distingue diferentes formas da dúvida. Existe a dúvida na verdade de uma afirmação. A afirmação é questionada. A segunda forma é a dúvida no valor de uma ação (dúvida na qualidade moral), e a terceira forma é a dúvida no sentido e propósito da vida humana (dúvida no sentido existencial (cf. Beiner, "Zweifel". *TER*, p. 767). Como já expliquei na introdução, "dúvida", em alemão, provém de "sentido duplo". Tudo pode ter um sentido duplo. Por isso, podemos sempre duvidar de uma afirmação. Pois sempre poderia existir uma afirmação que expressasse melhor um fato objetivo.

Um dos filósofos que elevou a dúvida ao princípio metódico foi René Descartes. A despeito de todas as dúvidas referentes a todas as afirmações, ele se agarra a um ponto de partida fixo e imutável, "que não pode mais ser questionado". Sua famosa afirmação diz: "Cogito ergo sum – penso, portanto, existo". Melanie Beiner explica isso da seguinte forma: "A dúvida como ato de pensamento pode questionar qualquer conteúdo do pensamento, não, porém, a própria atividade do pensamento" (Beiner, p. 769). Descartes considera verdadeiro aquilo que "reconheço clara e nitidamente". Com isso, ele transforma a "autoconfiança do sujeito pensador em fundamento inquestionável de todo conhecimento" (Beiner, p. 769). De forma semelhante, Santo Agostinho já viu isso muitos anos antes de Descartes. Ele afirma que a dúvida precisa de condições que não podem ser questionadas. Agostinho diz: "O fato de viver, de se lembrar, de querer, de pensar, de saber e de julgar: quem duvida disso? [...] Quem duvidar de todo o resto, dessas coisas ele não pode duvidar. Pois se não fossem certas, ele não poderia duvidar de nada" (Agostinho, *Trin.* X, 1914, apud Beiner, p. 768).

O filósofo social alemão Max Weber afirma: "A dúvida mais radical é o pai do conhecimento". Quando duvidamos de algo, nós nos sentamos e queremos saber melhor como determinada coisa se apresenta. A dúvida não é, portanto, impulso apenas da filosofia, mas também da ciência natural. Todo experimento científico parte da dúvida do conhecimento existente até então. Nós questionamos os resultados obtidos até então e queremos saber melhor o que realmente corresponde à realidade. Os experimentos realizados pelos físicos Heisenberg e Pauli os levaram a duvidar de que a física ensinada por Newton era correta. Assim, desenvolveram uma física nova: a física quântica. Mas também aqui sempre surgem dúvidas que levam os cientistas a pesquisar ainda melhor a natureza e seus leis.

Um ditado popular da Índia expressa isso lindamente: "A dúvida é a sala de espera do conhecimento". A dúvida não se contenta com o conhecimento já adquirido. Ela deseja saber mais. Assim, a dúvida funciona como um motor que impulsiona filósofos, teólogos e cientistas a não desistir de suas pesquisas. Sem dúvidas, jamais teríamos alcançado o conhecimento que temos hoje.

O pesquisador científico começa questionando aquilo que já foi alcançado: esta já é a verdade última? Ou será que só arranhamos a superfície? A dúvida obriga o cientista a fazer experimento, ou para confirmar o que já se sabe ou para questioná-lo. Então a dúvida o obriga a investigar as coisas mais a fundo, até ele se satisfazer. Mas essa satisfação nunca é a última satisfação. Assim, o pesquisador voltará sempre a duvidar o que foi alcançado, para investigar a realidade em detalhe ainda maior.

Um dos grandes questionadores entre os filósofos foi E. M. Cioran. Ele veio da Romênia, estudou filosofia em Berlim e então passou a viver na França. Para ele, Friedrich Nietzsche não era radical o bastante. Cioran duvida de tudo, também do sentido da vida. Mas existe uma coisa da qual ele não duvida: do poder da música. Num aforismo, ele escreve: "A dúvida invade tudo, com uma notável exceção: não existe música cética" (Cioran, *Werke*, 1976). Em outro aforismo, ele diz: "Com a exceção da música, tudo é enganação, até a solidão, até o êxtase" (1924). E certa vez, quando ouviu a Arte da Fuga na igreja de Saint-Séverin, ele ficou repetindo para si mesmo: "Essa é a refutação de todas as minhas maldições" (Cioran, p. 1.921).

Onde a dúvida ajudou você a alcançar novos conhecimentos? Você conhece a dúvida que o faz questionar aquilo que os jornais escrevem? Você aceita as diferentes pesquisas citadas, por exemplo, quando se fala de uma alimentação saudável? Existem tantas ideias diferentes sobre como nós deveríamos nos alimentar. Se você aceitasse todas elas, você mudaria sua alimentação a cada ano. Mas o que pode ajudar você a encontrar o caminho certo e a sua alimentação em meio a tantas dúvidas? Você verá que as dúvidas o desafiam a escolher um método de alimentação. Evidentemente, as diferentes pesquisas não ajudam muito, pois muitas vezes elas são encomendadas por grupos com interesses específicos. O que ajuda você a escolher entre todas as ofertas é a sua intuição, aquilo que melhor corresponde à sua natureza.

Qual é, para você, o ponto que não pode ser questionado? Para Descartes, era o "cogito ergo sum". Como você definiria o fundamento no qual você se apoia e que você não questiona? É a música, como no caso de Cioran? Ou você sente uma certeza interior na fé, quando você está na missa?

Tente se lembrar de quando a dúvida o levou a fazer uma nova descoberta. Quando a dúvida foi justificada para descobrir a verdade?

Se você tem filhos, você já conhece a dúvida filosófica. As crianças sempre perguntam: Por que isso é assim? As crianças questionam tudo. Elas não se satisfazem com respostas padronizadas. Elas querem desafiar os adultos a explicar-lhe minuciosamente o que é verdade e em que elas podem confiar. Como você lida com as dúvidas dos seus filhos? Você encara suas perguntas ou você as descarta como criancices? Você faria bem em encarar as perguntas dos seus filhos. Isso lhe dará clareza sobre você mesmo e seu caminho e sobre muita coisa que, até então, você nunca questionou, mas sempre aceitou sem duvidar.

Dúvida no relacionamento

Em conversas, ouço com frequência: "Não sei se combinamos. Duvido que a namorada/o namorado seja o parceiro certo para mim, se realmente seremos felizes juntos". Dúvidas existem em cada relacionamento. Devo levar a dúvida a sério e não simplesmente ignorá-la. Mas deveria me perguntar se a dúvida não está me dizendo algo sobre mim mesmo, sobre minha insegurança de me envolver com uma pessoa, sobre minhas expectativas exageradas, que exigem o parceiro perfeito. Nesse sentido, a dúvida é um convite para eu me despedir das expectativas exageradas que faço ao parceiro com o qual desejo me casar. A dúvida me obriga a olhar para o parceiro com olhos realistas e a aceitá-lo do jeito que é. Esse tipo de dúvida não duvida do parceiro em si, mas somente da minha idealização dele.

No entanto, devo também interrogar a dúvida e perguntar se ela está tentando me dar alguma informação importante sobre o parceiro. Então, minha dúvida me convida a olhar melhor para o meu parceiro. O que é que me faz duvidar dele? É alguma intuição que me diz que há algo de errado com ele? Ou será que ele irradia algo que me leva a duvidar de sua honestidade, de sua fidelidade, de sua confiabilidade? Sua aparência externa condiz com sua essência? Suas palavras condizem com aquilo que ele irradia?

Essa dúvida me obriga a testar a confiança. Observo se o amigo guarda para si aquilo que lhe conto. Se ele contar para outros aquilo que lhe confio em sigilo, isso fortalece a minha dúvida. Não lhe contarei mais nada pessoal a meu respeito. Testo a confiança também de outra forma. Fico atento aos meus sentimentos quando estou com ele. Eu me sinto bem, seguro, acolhido? Ou surgem dúvidas dentro de mim se tudo não passa de mera aparência, se nosso amor realmente é seguro. Posso observar também se nosso amor e a confiança crescem a cada vez que nos vemos ou se a dúvida aumenta.

Existe, porém, ainda outro tipo de dúvida em relação ao parceiro. Sinto que o parceiro não combina comigo. Mas eu reprimo a dúvida com argumentos do tipo: nós já nos conhecemos há tanto tempo. Não vale a pena ir à procura de outro parceiro. Afinal de contas, ninguém me garante que encontrarei o homem certo. Quando pergunto aos cônjuges após sua separação se eles tinham dúvidas em relação ao parceiro quando se conheceram, a maioria diz que sim. Mas não queriam dar espaço para dúvidas. Estavam felizes por terem encontrado alguém com quem se entendiam. E não é tão fácil encontrar um bom parceiro. Assim calaram as dúvidas com argumentos racionais. As falhas no outro não são tão graves. O meu amor o transformará.

Uma mulher me contou que ela se perguntava se o parceiro não bebia muito álcool e se corria perigo de se tornar alcoólatra. Mas ela ignorou a dúvida. Acreditava que, com seu amor, conseguiria resolver o problema do seu marido. Mas o desafio foi grande demais para ela. Ela não levou sua dúvida a sério e, assim, fracassou em seu relacionamento.

Outra mulher queria se casar com um homem religioso. Então conheceu um homem num círculo de orações que era muito piedoso. Tornou-se amiga dele. Mas quanto mais se aproximava dele, mais sentia que ele não tinha apenas aquele lado religioso, mas que, por trás daquela fachada piedosa, ele escondia traços muito imaturos, egocêntricos e narcisistas. Mas ela acreditava que a fé transformaria tudo. Assim, ignorou sua dúvida. Em algum momento, porém, ela teve de admitir: não consigo viver com esse homem. Só piedade não basta. Sim, a piedade do meu marido só oculta sua personalidade narcisista. Ele se esconde por trás de sua piedade, de modo que nem consigo acessar a pessoa real. Ela reconheceu que um relacionamento com esse homem não era possível. Isso a levou a levar sua dúvida mais a sério. Muitas vezes, a dúvida nos dá uma informação importante sobre a pessoa da qual duvido. Devo levar a dúvida a sério, mas não devo dar-lhe valor absoluto. Devo dialogar com a dúvida para obter clareza.

Mas também durante o relacionamento surgem dúvidas em relação ao outro: Ele realmente está sendo fiel? Nós realmente combinamos? Essas dúvidas durante um relacionamento deveriam ser analisadas honestamente. Mas devemos perguntar a nós mesmos também se essas dúvidas resultam simplesmente do meu perfeccionismo ou se estão apontando para algum problema no relacionamento. Se este for o caso, ainda tenho a liberdade de decidir como eu quero reagir a essas dúvidas, se quero baixar minhas expectativas exageradas, se devo compartilhar minhas dúvidas com o outro para discutir com ele aquilo que não me parece estar certo e o que me faz duvidar do relacionamento. Essa conversa franca pode resultar numa nova confiança e numa nova qualidade no relacionamento.

Muitas vezes, as dúvidas não se devem ao comportamento do outro. São simplesmente dúvidas fundamentais que fazem parte de mim e que surgem em mim em todas as áreas. Também nesse caso, é bom perceber a dúvida e pedir Deus pela benção para o nosso relacionamento. Às vezes, a dúvida no relacionamento é uma dúvida na minha vida como tal. Não sei se estou vivendo corretamente. Estou inseguro. Essa insegurança faz parte de nós. Devemos contemplá-la e dizer a nós mesmos: nunca temos certeza absoluta. Confio que Deus abençoa a minha vida e o meu relacionamento. Assim, a dúvida é sempre também um convite para depositar minha confiança em Deus e também no relacionamento.

A dúvida no relacionamento possui ainda outra função. Um ditado espanhol diz: "Enquanto tiver dúvidas, não faça acusações". Às vezes, culpamos o parceiro, acusando-o de não ter sido fiel, de ter feito isto ou aquilo. Nessa situação, o ditado espanhol ajuda. Enquanto não tivermos certeza, enquanto duvidarmos do nosso conhecimento, não devemos acusar ou culpar o parceiro. A dúvida serve para nos conter e convidar a investigar melhor para ver se a nossa dúvida é realmente justificada. Devemos ter cuidado com nossas alegações.

Existem cônjuges que não duvidam de seu parceiro, mas, mesmo assim, são decepcionados. Uma mulher me contou: Sempre confiei em meu marido. Eu tinha certeza de que ele seria fiel. Nunca duvidei disso. E de repente, fui obrigada a constatar que ele tinha uma namorada com a qual mantinha uma relação sexual. É bom quando duas pessoas confiam incondicionalmente uma na outra. Sempre questionar a fidelidade do outro não faz bem a nenhum dos dois. Mas nem mesmo num relacionamento devemos nos sentir totalmente seguros. Uma leve dúvida pode me levar a interagir com meu parceiro com mais atenção. A pequena dúvida manteria o relacionamento vivo.

Sente-se num lugar tranquilo e imagine seu parceiro, sua parceira, seu namorado, sua namorada. Onde você confia plenamente nele/nela? Em que você pode confiar em todos os casos? Onde aparecem dúvidas em você? Analise essas dúvidas, converse com as dúvidas. Não as proíba. Elas têm o direito de ser. Mas tente sentir o que elas querem lhe dizer. Trata-se apenas de dúvidas gerais que nós temos também em relação a nós mesmos e em relação a todos os outros, porque nunca podemos ter certeza absoluta sobre nós mesmos e os outros? Ou será que são dúvidas bem pessoais em relação ao seu parceiro/sua parceira? Então imagine: sim, eu tenho essas dúvidas. Mas quais são as experiências de lealdade, confiabilidade, clareza e amor que fiz com ele ou com ela? Posso confiar nessas experiências? Fale com seu parceiro sobre suas dúvidas e sobre a confiança que você tem nele. Se vocês conversarem abertamente sobre as dúvidas que vocês têm e sobre seu anseio por confiança, isso pode diluir suas dúvidas e substituí-las com uma nova certeza no relacionamento.

No fim de todas as conversas com seu parceiro e no fim de suas reflexões e dos sentimentos que surgem em você, você deve tomar uma decisão. Consigo tomar uma decisão clara em prol do meu parceiro, da minha parceira? Quando você toma uma decisão clara, isso é uma ajuda para abrir mão da dúvida e fortalecer a confiança no outro. A decisão liberta você de ficar remoendo suas dúvidas. Você analisou suas dúvidas e não as ignorou. Mas agora você se decide a favor do seu parceiro e deixa suas dúvidas para trás. Após a análise da dúvida e a conversa com o parceiro, devemos mandar a dúvida embora quando ela reaparecer. Mesmo depois de termos tomado uma decisão, não podemos impedir que a dúvida volte. Mas então vale dizer: Pare! Eu tomei uma decisão. Eu proíbo que a dúvida questione minha decisão que tomei a favor do parceiro.

Dúvida em relação à capacidade dos funcionários

Em seminários de liderança, ouço com frequência: Duvido que meu funcionário consiga cumprir sua tarefa. Ele começou bem em sua função, mas agora descobri que ele é lento demais, que ele se esquece de muitas coisas. Ele é inseguro e fica me perguntando apesar de já ter feito aquele trabalho muitas vezes. Estou em dúvida: devo continuar incentivando e desafiando ele? Ou devo me separar dele? A dúvida mostra que sempre existem duas possibilidades: investir no outro para que ele desenvolva suas habilidades que ele poderá usar no trabalho. Ou: reconhecer que ele não consegue dar conta das exigências de seu trabalho e separar-se dele ou lhe dar outra função dentro da empresa. Então a dúvida recai sobre mim. Não sei qual é a alternativa melhor. E, em algum momento, devo tomar uma decisão. Mas enquanto a dúvida for muito grande, não devo tomar nenhuma decisão, mas esperar até eu obter clareza.

Uma outra dúvida diz mais respeito ao funcionário. Eu lhe confiei uma função de liderança porque sempre trabalhou bem na empresa. Mas agora tenho dúvidas se ele realmente está à altura dessa função de liderança. Percebo que, frequentemente, ele reage de forma agressiva. Seus funcionários se queixam porque seu chefe nunca toma uma decisão, porque fica fugindo dos conflitos. Quando lhe confiei a função de liderança, eu tinha confiança nele: ele conseguirá.

Mas agora estou em dúvida: será que ele é capaz de liderar? Quando conversei com o chefe que duvidava da capacidade de liderança de seu funcionário, eu lhe disse que ele não devia ignorar essas dúvidas. O primeiro passo é conversar com esse funcionário. Eu não lhe diria de imediato que duvido de sua capacidade de liderança. Eu o perguntaria: como você se sente em sua função de liderança? Como se sente no trabalho? Talvez ele lhe conte de seus limites e dificuldades. Então posso tentar descobrir com ele o que o ajudaria, que tipo de ajuda ele precisa. Talvez devesse participar de um seminário de liderança.

Talvez devesse aprender a se comunicar melhor com seus funcionários?

Mas se ele disser que tudo está uma maravilha, eu preciso falar sobre as falhas e os problemas que percebo ou também sobre as experiências que seus funcionários estão fazendo com ele. O primeiro caminho a seguir seria incentivar e apoiar esse homem. Só se todas essas medidas de apoio não ajudarem, devo pensar em atribuir outra função a esse homem.

A dúvida em relação ao funcionário nos obriga a refletir mais sobre ele e a conversar com ele sobre a situação. O primeiro passo é sempre incentivá-lo e apoiá-lo para que ele possa crescer. Só se, mesmo assim, a dúvida crescer e você perceber que o funcionário não está se desenvolvendo, que ele "estacionou", é preciso pensar em outras medidas: ou dar-lhe uma função diferente ou separar-se dele. Mas essa separação não deve feri-lo. Só posso me separar de um funcionário se eu puder lhe transmitir também a confiança de que ele encontrará o seu caminho, de que ele poderá usar melhor as suas capacidades em outro lugar.

Conheço muitos empresários que ignoram suas dúvidas em relação aos funcionários. Eles preferem fechar os dois olhos a encarar o problema. Mas existem também chefes que duvidam sempre de todos os funcionários. Esses chefes deveriam perguntar a si mesmos se eles não nutrem uma desconfiança generalizada em relação a todas as pessoas. Sua tarefa seria então acreditar nos funcionários e, por meio de sua confiança, despertar neles as suas capacidades. Em todo caso, a dúvida sempre nos confronta com a tarefa de resolver um problema: devemos ou resolver o problema da nossa própria desconfiança ou apontar soluções para o funcionário.

Uma mulher estava à frente de uma empresa juntamente com um companheiro. Mas ela vivia em conflitos e problemas com ele. Ela acreditava que, sendo cristã, deveria ser capaz de resolver esses problemas. Ela só precisaria confiar mais nele. Mas ela continuou duvidando se a cooperação poderia ser continuada. Eu a aconselhei a orar por esse homem. Após rezar por ele durante alguns minutos, ela sentiu um incômodo no estômago. Na conversa ela percebeu: devo me separar dele. A oração que deveria ter melhorado a relação lhe mostrou claramente que a esperança de melhorar a relação era uma ilusão. A oração lhe mostrou que sua dúvida era justificada. E assim ela encontrou a clareza interior para se separar desse homem.

Se você tiver um funcionário e duvidar de suas capacidades, sente-se num lugar tranquilo e medite, colocando-se na situação dele. O que o comove? O que o oprime? O que o faz sofrer? Qual é seu anseio? O que o impede de desdobrar tudo que existe dentro dele? E como posso encontrar a chave para acessar seu íntimo, aquele lugar em que se encontram suas capacidades e qualidades? O que poderia ajudá-lo? O que lhe faria bem? Como esse homem poderia encontrar o seu caminho na vida? E então abençoe esse funcionário. Imagine como a benção flui de suas mãos para esse funcionário e o impregna para que ele possa entrar em contato consigo mesmo. Sua benção não deve mudar o funcionário, mas sim impregná-lo, para que ele encontre a harmonia consigo mesmo, para que ele se torne aquilo que ele é no fundo de seu ser. Depois dessa benção, você pode olhar para dentro de você mesmo: a sua benção lhe mostra que seu funcionário conseguirá se desenvolver? Ou ela lhe mostra que você deve se separar dele, porque um outro emprego será melhor para ele, porque ele poderá se desenvolver melhor em outra empresa, em outro trabalho?

Dúvidas de si mesmo

No relacionamento existem dúvidas não só em relação ao outro, mas também em relação a mim mesmo. Eu duvido se sou capaz de manter um relacionamento. Não sei se sou o parceiro certo para o outro. E tenho dúvidas generalizadas em relação a mim mesmo, não só em relação ao meu relacionamento. Duvido se conseguirei dar conta da vida, se sou inteligente o bastante, se conseguirei me impor na vida. Duvido de tudo em mim. Muitas vezes, temos um juiz dentro de nós – Sigmund Freud o chama de superego – que sempre duvida de nós e menospreza tudo dentro de nós. Isso nos deixa inseguros. Não conseguimos mais distinguir: essa voz interna é minha consciência? É o superego, o julgamento dos pais, aquilo que interiorizamos como nosso superego?

As pessoas que duvidam de si mesmas acreditam que não conseguem fazer nada. E muitas vezes ficam paralisadas quando deveriam assumir a responsabilidade pela sua própria vida. Elas perdem a vida porque ficam presas às suas dúvidas em relação a si mesmas. A dúvida as impede de se lançar num relacionamento. A dúvida as impede de se candidatar a um emprego. Acreditam que não são boas o suficiente para essa função, que existem outras pessoas melhores para ela. Assim, a dúvida em relação a mim mesmo pode me impedir de viver a minha vida.

Às vezes, numa conversa, eu vejo como a dúvida em relação a si mesmo pode ser profunda. Uma mulher me conta que, quando era criança, ela sempre duvidava se realmente era filha de seus pais ou se tinha sido adotada. Esse tipo de dúvida fundamental deixa uma pessoa insegura. Ela não tem certeza de suas origens. Ela duvida se seus pais são seus verdadeiros pais biológicos. Muitas vezes, nem sabemos de onde vêm essas dúvidas. Provavelmente, é uma insegurança fundamental em relação à sua própria identidade. E essa insegurança se manifesta então em dúvidas concretas relacionadas às suas capacidades e ao seu sucesso na vida.

A dúvida da garotinha, se ela é realmente a filha de seus pais continua muitas vezes em determinadas fases da vida. Na puberdade, surgem dúvidas referente à sua identidade: Quem sou eu? A identidade antiga se abala. E ela ainda não sabe quem ela realmente é. A dúvida em relação a si mesmo é, porém, também um desafio de cuidar de sua própria identidade. Essas dúvidas referentes à identidade voltam a surgir entre os 18 e 24 anos de idade. Até então, a pessoa vivia em casa. Agora está numa faculdade numa cidade estranha. Ela não conhece o ambiente, ela duvida de si mesma. Até agora, sempre tudo correu bem. Agora surgem dúvidas se ela conseguirá terminar a faculdade, se escolheu a faculdade certa. Nessa idade, essas dúvidas podem levar a fases depressivas. Dúvidas semelhantes aparecem no meio da vida. Então a pessoa se pergunta: isso foi realmente tudo que eu fiz até agora? Como será o resto da minha vida? Quem sou eu de verdade? Sou o homem bem-sucedido, a mãe feliz? Qual é a minha identidade verdadeira?

Outras dúvidas dizem respeito ao amor dos pais. Os filhos duvidam do amor dos pais. Principalmente quando brigam com eles ou os tratam duramente, quando os pais os ridicularizam, eles duvidam se seus pais realmente os amam ou se eles são apenas um fardo para os pais. As dúvidas referentes ao amor dos pais resultam em dúvidas referentes ao valor próprio. Eu não acredito que mereço ser amado, que sou importante o bastante para que meus pais me amem. E essas dúvidas continuam na dúvida se aquele que está me dando atenção está sendo sincero ou se está apenas querendo ser amigável porque quer algo de mim.

Duvidar de si mesmo pode se transformar em tortura. Duvidamos de tudo. A dúvida em si já nos deixa sem qualquer autoconfiança. À noite, não conseguimos nos acalmar porque ficamos duvidando de tudo que dissemos ou fizemos. Tudo é questionado: aquilo não foi bom. O que os outros pensam de mim? Como pude me comportar daquele jeito estranho? A dúvida de si mesmo se transforma em acusação e desvalorização própria.

Recentemente, uma mulher me contou de suas dúvidas em relação a si mesma. Ela duvida que é uma boa mãe, que ela tenha criado bem os seus filhos. Assim que os filhos passam por uma fase difícil, ela se tortura com dúvidas: onde foi que errei? A culpa é minha porque os filhos não se desenvolveram do jeito que eu esperava? Eu contagiei meus filhos com minhas dúvidas, de modo que, agora, eles não conseguem desenvolver autoconfiança? Também na empresa em que ela trabalhava, era torturada por dúvidas: estou fazendo um trabalho bom? Meu chefe está satisfeito comigo? Eu não deveria ter feito um trabalho melhor? Essas dúvidas são desgastantes. Pois ela não consegue fazer seu trabalho em paz. O tempo todo ela é acompanhada por esse crítico interno que duvida de tudo que ela faz e de tudo que ela pensa. Ela fica se perguntando: será que estou bem da cabeça? Meus pensamentos são estranhos ou doentios? Ela não consegue se encontrar com outros. Ela duvida que os outros queiram sua companhia, se ela conseguirá se comportar corretamente. Suas dúvidas geram uma insegurança profunda. Ela sofre com isso. Mas ela não consegue desligar essas dúvidas em relação a si mesma.

Quando perguntamos pela causa da dúvida em relação a si mesmo, nós nos deparamos com as dúvidas dos pais em relação aos filhos. Muitas vezes, os pais não paravam de criticar os filhos: "Você é lento demais. Você não sabe fazer isso. Você é um fracassado. Outras crianças com sua idade já sabem fazer isso. Você sempre faz tudo errado". Essas palavras dos pais são expressão de sua dúvida em relação aos filhos. Mesmo que os pais já tenham falecido, essas palavras permanecem dentro de nós. Passam então a ser palavras do nosso superego. Mesmo que, já adultos, tenhamos reconhecido que essa dúvida em relação a nós mesmos é uma expressão da dúvida dos pais, é difícil abrir mão dessa dúvida em relação a nós mesmos.

O mero reconhecimento ainda não dissolve a dúvida. É preciso um longo caminho de exercícios para dissolver esses padrões antigos dentro de nós e confiar cada vez mais em nós mesmos.

Sente-se e ouça o seu interior. Permita que todas as dúvidas venham à tona e então responda a cada dúvida que aparecer: eu sou eu mesmo. Fique sentado por 20 minutos e medite apenas sobre a palavra: "Eu sou eu mesmo". Esta é a palavra que Jesus disse aos seus discípulos após sua ressurreição, quando eles duvidaram de que ele era realmente aquele Jesus que eles tinham conhecido e que tinha morrido na cruz. A palavra grega "ego eimi autos" tem um significado especial na filosofia estoica. "Autos" se refere ao santuário interior, onde encontramos o eu original e intocado. Eu sou eu mesmo. Quando você fica repetindo e dizendo isso para as suas dúvidas, elas começam a se relativizar. Não é importante que você cumpra todas as expectativas dos seus pais. Não é importante se seus pais realmente amam você. Você não precisa provar nada a ninguém. Você pode simplesmente ser sem ter que se justificar. Quando você repete esta palavra, as dúvidas começam a se calar. Elas deixam de ser importantes. Você começa a se perceber, sua essência verdadeira que ninguém pode diminuir por meio de suas dúvidas e que nem mesmo as suas próprias dúvidas podem diluir.

Dúvida e fé

O carmelita Reinhard Körner escreve sobre a relação entre fé e dúvida: a dúvida "corresponde à natureza de Deus e de seus mistérios, que sempre são maiores do que aquilo que pode ser pensado ou dito sobre eles. Uma vida espiritual sincera que busca não a ideologia nem a 'convicção', mas a *realidade* de Deus, entrará necessariamente em crise de vez em quando" (Körner, Lex Spi1471). Para a teologia católica, a dúvida é parte essencial da fé. Martinho Lutero, por sua vez, vê a dúvida em oposição à fé. Ele identifica a dúvida com a descrença. Fé significa para Lutero uma "consciência da verdade" (Beiner, *TER*, p. 770). Por isso, ele exclui a dúvida.

Mas até Lutero sabe que "a vida na fé é sempre ameaçada pela dúvida e tribulação" (Beiner, p. 770). O teólogo evangélico Paul Tillich vê a dúvida como um elemento essencial da fé: "A distância infinita entre Deus e o homem jamais poderá ser vencida, ela é idêntica à finitude do homem [...] A fé não seria fé, mas *unio mystica*, se ela fosse privada do elemento da dúvida" (Tillich, *Sys* III, p. 275). Tillich aponta dois caminhos para transformar a dúvida em certeza: a ortodoxia que, na Igreja Católica, seria a submissão à autoridade; e o pietismo, que pretende afastar a possibilidade da dúvida na experiência interior. Mas nenhum desses caminhos consegue realmente superar a dúvida. Mesmo quando o homem concorda com Deus, a distância entre Deus e o homem não pode ser vencida.

Para Tillich, porém, a razão da dúvida não é somente a distância entre o Deus infinito e o homem finito, mas também a finitude do homem. "Finitude inclui dúvidas, pois somente o todo é a verdade. Mas nenhum ser finito possui o todo. Por isso afirmamos nossa finitude quando reconhecemos que a dúvida faz parte da natureza do homem" (Sys II 82). Essa dúvida essencial leva o homem a analisar sempre de novo a realidade. Paul Tillich distingue dessa dúvida essencial, que pertence à natureza do homem, a dúvida existencial. A dúvida existencial é expressão da alienação do homem do ser, do eterno, de Deus. "Quando, no estado da alienação, a união com o eterno se rompe, a insegurança se torna absoluta e nos leva ao desespero. A dúvida também se torna absoluta e leva o homem a um estado no qual ele se recusa a aceitar qualquer verdade" (Sys II 83). Os pensamentos de Paul Tillich mostram que devemos contemplar a dúvida e a fé de lados diferentes. Podemos contemplar a relação a partir da essência de Deus e a partir da essência do homem. E podemos refletir sobre a dúvida, se o homem se alienou de si mesmo e do novo ser que apareceu em Cristo ou se ele participa do novo ser.

Antes de refletir teologicamente sobre a relação entre dúvida e fé, quero citar alguns exemplos bíblicos e interpretá-los em vista da nossa situação de dúvida e fé.

Exemplos bíblicos para a dúvida

A Bíblia cita muitos exemplos que comprovam que fé e dúvida são companheiros. A Bíblia descreve exemplos importantes da fé sempre também como pessoas que duvidavam. Por meio da dúvida, elas cresceram em sua fé. Esses exemplos querem nos convidar para encararmos nossas dúvidas de Deus e da fé com sinceridade.

Pedro afunda

Um exemplo de dúvida conhecido é a história da tempestade no mar. Os discípulos são surpreendidos por ventos fortes. As ondas ficam cada vez maiores. Os discípulos ficam com medo de afundar. Então Jesus se aproxima deles caminhando sobre a água. Eles se assustam, acreditando que Jesus é um fantasma. Mas quando Jesus fala com eles e diz que podem confiar, Pedro de repente cria coragem. Ele diz a Jesus: "Senhor, se és tu, manda-me andar sobre as águas até junto de ti" (Mt 14,28). Jesus o convida a vir até ele. Pedro sai do barco e consegue andar sobra a água. Mas então ele vê o vento e as ondas altas e fica com medo. E o medo faz com que ele afunde. Ele clama por socorro. Jesus o pega pela mão e diz: "Homem de pouca fé, por que duvidaste?" (Mt 14,31). Pedro oscila entre uma confiança profunda, que o faz sair do barco, e medo e dúvida. O medo das ondas altas o faz duvidar do convite de Jesus de ir até ele. Jesus vê a razão da dúvida em sua pouca fé. Em Marcos e João, tudo gira sempre em torno da alternativa: fé ou descrença. Em Mateus, porém, o tema é a oposição entre uma fé sólida e a pouca fé. A pouca fé leva à incredulidade. A dúvida está ligada ao medo. E não está claro se é a dúvida que leva ao medo, ou vice-versa. Em todo caso, medo e dúvida andam juntos. A pessoa medrosa duvida que Deus a salvará das águas agitadas. No entanto, ao mesmo tempo em que a dúvida faz com que Pedro afunde, ela também o leva à salvação. Pois Jesus toma o Pedro pela mão, o tira da água e o leva até o barco. Assim, a dúvida se torna condição da experiência da salvação que Pedro vivencia. Jesus repreende a dúvida de Pedro. Ao mesmo tempo, porém, ele responde à sua dúvida com sua ação salvadora.

Quando aplicamos a história a nós mesmos, ela nos liberta do peso na consciência quando duvidamos da ajuda de Deus. Nós também passamos por situações em que estamos na água até o pescoço. Nessas situações nós nos vivenciamos como pessoas sem esperança que duvidam. Duvidamos se Deus realmente nos libertará desse perigo. A cena bíblica quer nos convidar a não olhar para o vento e as ondas altas, mas para Jesus, que caminha sobre a água. Mas, como Pedro, oscilamos entre o olhar fixado em Jesus e olhar fixado na água agitada na qual estamos prestes a afundar. Não devemos ignorar o perigo, mas, quando estamos em perigo, levantar o olhar para Jesus. Então ele transformará nossa dúvida em experiência de salvação e redenção.

Medite sobre a cena descrita por Mateus. Imagine-se no barco, com medo de que o barco possa afundar. Então Jesus se aproxima caminhando sobre a água. Como você reagiria? Então, coloque-se no lugar de Pedro. Talvez você também crie coragem para sair do barco e ir ao encontro de Jesus. Então volte a imaginar as ondas altas em sua volta. Como você reagiria? Você duvidaria como Pedro? Permita então que Jesus o tome pela mão e o conduza em meio a todas as ondas da insegurança. Tome a história como imagem de sua vida e pergunte-se: quando em minha vida eu já tive medo de afundar? Quando duvidei e tive medo de fracassar diante de uma tarefa? Quando duvidei de que Deus me ajudaria? Então imagine como teria sido se Jesus lhe tivesse oferecido a sua mão naquela tarefa difícil, naquela situação sem saída e o tivesse conduzido em meio a todos os medos e dúvidas de volta até o barco seguro.

Coélet, o pregador

Um exemplo típico de uma pessoa que duvida é Coélet. Coélet duvida de toda felicidade do ser humano. Ele enxerga por trás das coisas. Ele vê que tudo é apenas um sopro de vento, que nada permanece. Ele questiona tudo: bens, sucesso, a vida do ser humano, o conhecimento, a felicidade. Tudo é sopro de vento. Nada sustenta de verdade. Mas em meio a essa dúvida radical, Coélet se agarra à convicção de que tudo acontece com a vontade de Deus e que Deus quer o bem do ser humano. Mas o ser humano deve abandonar suas ilusões para se submeter à realidade. Coélet duvida de que os juízes sejam capazes de fazer justiça. "Em lugar do direito se encontra a injustiça, em lugar da justiça se encontra a iniquidade" (Ecl 3,16).

Na passagem 6,11-9,6, Coélet descreve dez temas principais da educação sapiencial, proclamada na época pelos gregos e judeus. E ele os questiona. Esses ensinamentos impressionam. Mas estão errados. Ele duvida, por exemplo, do princípio: "Boa é a sabedoria acompanhada da herança" (Ecl 7,11). Ele cita exemplos de pessoas cultas que sofrem um destino miserável. Por isso ele adverte os leitores: Não "te mostres demasiado sábio, para não te arruinares!" (Ecl 7,16). Coélet descreve a dúvida em relação a todo conhecimento humano, ao anseio pela justiça, ao anseio pela vida piedosa. "Tudo é sopro de vento". Tudo é aparência. O ser humano não é capaz de entender a vida e o mistério de sua existência. O único apoio que lhe resta é a referência a Deus. Só Deus conhece o sentido de tudo aquilo que nos parece não ter sentido nenhum. E só a ação de Deus é perfeita. Todo conhecimento humano, toda ambição humana é apenas sopro de vento. Em meio a toda a sua ambição de conhecimento, Coélet admite que "sem permitir aos olhos conciliar o sono nem de dia nem de noite, observei toda a obra de Deus em seu conjunto e percebi que ninguém é capaz de descobrir tudo o que se realiza debaixo do sol. Por mais que alguém se esforce por descobrir, não o conseguirá; ainda que o sábio pretenda sabê-lo, não o conseguirá" (Ecl 8,16s.).

Em meio a toda a dúvida, porém, Coélet acredita que Deus fez tudo da melhor e mais bela maneira. O homem não consegue decifrar o mistério do mundo nem o mistério de Deus. Ele deve se contentar vivendo no presente e desfrutando dele: "Anda, come teu pão com alegria e bebe contente teu vinho" (Ecl 9,7). E ele deve fazer com vontade tudo aquilo que estiver em suas mãos. Sua dúvida não deve impedi-lo de fazer o que o presente exige: "Tudo o que puderes fazer, faze-o com todo o teu vigor" (Ecl 9,10). A dúvida não deve nos impedir de viver, mas nos convidar a aceitar a realidade como ela se apresenta a nós e fazer o melhor dela.

Duvide de tudo como Coélet. Tudo é apenas sopro de vento. Você não pode confiar em nada. Se você permitir essa dúvida radical, resta então algo em que você possa se apoiar? A despeito de toda dúvida, você consegue ser grato pela vida? Existem alegrias em sua vida pelas quais vale a pena viver, viver bem, viver segundo os mandamentos de Deus? Qual é o seu fundamento sólido? A despeito de todas as dúvidas, você sente que Deus está presente e que Deus pode dar um sentido a tudo aquilo que você não entende? Tente confiar que, mesmo em meio a insensatez de sua vida, você está nas boas mãos de Deus e não pode cair delas e que, no fundo, tudo tem um sentido.

A dúvida de Jó

Na tradição cristã, Jó é visto como o homem paciente e sofredor. Mas a Bíblia o descreve também como uma pessoa que duvida e provoca. Os amigos de Jó têm uma teoria clara sobre o sofrimento. O sofrimento é ou uma consequência do pecado ou da fraqueza humana. E o sofrimento é um recurso da pedagogia divina (cf. Gradl 28). Jó duvida dessas três teorias. Ele se defende contra a teoria. Ele fala de modo existencial sobre o seu destino. E ele tem certeza de que tentou viver de forma justa. Por isso, ele duvida da teoria de que sofrimento é sempre castigo por um pecado cometido.

Mas Jó não duvida somente de uma teoria teológica, ele também duvida de seus amigos: "Meus irmãos me traíram qual torrente de inverno, como os cursos de águas intermitentes" (Jó 6,15). Seus irmãos não o entendem. Eles se escondem por trás de sua teoria. Por isso ele duvida se eles realmente querem ajudá-lo. E Jó duvida de Deus e se levanta contra ele: "Acaso tens prazer em oprimir-me, desprezar a obra de tuas mãos, favorecer as intrigas dos malvados?" (Jó 10,3). E Jó se queixa de como Deus o trata: "Eu estava tranquilo, quando me esmagou. Pegou-me pela nuca e me destroncou. Fez de mim seu alvo" (Jó 16,12).

No fim, Deus concorda com Jó. Suas dúvidas e acusações falaram corretamente de Deus, enquanto seus amigos não conseguiram captar a essência de Deus com sua defesa de Deus. Eles nem falaram de Deus, só falaram de sua teoria que eles desenvolveram sobre Deus e o sofrimento. Mas Deus questiona também a pessoa de Jó, não refutando suas palavras, mas mostrando-lhe a grandeza e a maravilha da criação. Jó responde à fala de Deus na qual Deus o convida a contemplar o trovão e o relâmpago, a força do rinoceronte e a velocidade do avestruz: "Sou insignificante, que vou responder? Ponho a minha mão sobre a boca. Já falei uma vez, nada mais digo; duas vezes... nada acrescentarei" (Jó 40,4s.). Jó se abala diante da grandeza da criação. Ele sente que Deus é totalmente diferente de todas as imaginações e teorias humanas. A maravilha diante do milagre da natureza o cala.

No fim, Deus repreende os amigos de Jó e justifica Jó: "Não falastes de mim com retidão, como fez o meu servo Jó" (Jó 42,7).

Identifique-se com a figura de Jó. Você passou por grande sofrimento. Seus amigos e conhecidos querem convencê-lo de que a culpa é sua, de que você cometeu erros na vida. Você gerou sua própria doença porque não viveu de acordo com sua natureza. Como você reagiria a essas teorias apresentadas por seus amigos? Talvez você também sinta que seus amigos se escondem atrás de sua teoria porque não estão dispostos a encarar o seu sofrimento. E agora fale você mesmo com Deus. O que você quer dizer a Deus? O que quer saber dele? Talvez você acuse Deus por ter lhe dado tanto sofrimento. Deus aguenta suas acusações. Você pode lhe dizer tudo que sente e pensa. Mas então imagine o universo, a vastidão infinita do universo, o número infinito de estrelas e vias lácteas. Talvez você sinta algo semelhante a Jó, talvez você também se cale diante dessa criação infinitamente grande e impressionante e diga: Ainda não entendo por que estou passando por todo esse sofrimento. Mas, em vista deste mundo infinito, eu não pergunto mais pelas razões. Eu me curvo diante do Deus infinito e incompreensível.

Dúvida nos Salmos

Em muitos salmos, o salmista lamenta que Deus se retirou, que ele não está vivenciando sua ajuda. O Salmo 13, por exemplo, diz: "Até quando, SENHOR, continuarás me esquecendo? Até quando me ocultarás tua face? Até quando alimentarei preocupações na alma, pesar no coração, dia após dia? Até quando prevalecerá o inimigo sobre mim?" (Sl 13,2s.). Quatro vezes o salmista pergunta a Deus: "Até quando?" Ele duvida de que Deus virá ao seu socorro. Ele já sofreu tempo demais e se sente abandonado por Deus. Mas após apresentar a Deus as suas dúvidas e insistentemente pediu a sua ajuda, ele reencontra sua confiança: "Quanto a mim, confio em tua bondade: meu coração exulte com tua salvação" (Sl 13,6). Ouvimos palavras semelhantes em muitos salmos. O salmista duvida da ajuda de Deus, se queixa junto a Deus por tê-lo abandonado. Mas então o salmista encontra nova confiança por meio da oração. Ele sabe que Deus não o julga por causa de suas dúvidas, mas que Deus o ouve em sua necessidade, para, finalmente, vir ao seu socorro e salvá-lo do perigo.

Muitas vezes, outros – principalmente os malfeitores e os inimigos – plantam dúvidas no coração do salmista. "Minhas lágrimas são o meu pão dia e noite, enquanto me dizem todo dia: 'Onde está o teu Deus?'" (Sl 42,4). Essas dúvidas em relação à ajuda de Deus, que os malfeitores plantam na pessoa piedosa, não deixam de ter efeito. O piedoso também passa a duvidar da ajuda de Deus. Por isso, ele se dirige a Deus em sua dúvida: "Quero dizer a Deus, meu rochedo: 'Por que me esqueceste? Por que hei de andar triste sob a opressão do inimigo?' Quando meus ossos se esfacelam, meus adversários me insultam, dizendo-me todo o dia: 'Onde está o teu Deus?1" (Sl 42,10s.). Finalmente, porém, após todas as dúvidas sobre a existência de Deus e sua ajuda, o salmista consegue voltar a confiar em Deus. Ele mesmo se incentiva a confiar: "Espera em Deus, pois ainda o louvarei: 'Presença que me salva e meu Deus!'" (Sl 42,12).

No Salmo 88, um dos salmos mais sombrios, o salmista reclama a Deus que sua alma está saciada de sofrimento e que sua vida está próxima do reino da morte (Sl 88,4). E então, o salmista duvida da ação justa de Deus, da restituição na vida eterna: "Farás, acaso, um milagre para os mortos? Acaso os defuntos se levantarão para louvar-te? Teu amor será anunciado no sepulcro, no reino da morte, tua fidelidade? Teu milagre se tornará conhecido nas trevas, e tua justiça, na região do esquecimento?" (Sl 88,11-13). O salmista está sofrendo. E ele duvida da restituição no além. Assim, no final do salmo, só lhe resta constatar que Deus alienou todos os seus amigos e companheiros: "Afastaste de mim amigos e companheiros; minha companhia são as trevas" (Sl 88,19). Em muitos salmos, as dúvidas referentes a Deus são suspensas por meio de versículos de confiança. Mas o Salmo 88 termina em dúvida. Não há mais amigos e até Deus deixou de ser alguém em quem ele possa confiar. O único que resta é a escuridão. Mas o salmista expressa essa dúvida profunda na presença de Deus. E nessa expressão já existe uma centelha de esperança de que Deus não o abandonará.

No Salmo 79, o povo inteiro se queixa a Deus porque os gentios invadiram a herança de Deus e profanaram o templo (Sl 79,1). Se contemplarmos o estado da nossa Igreja, muitas vezes, fazemos queixas semelhantes. E duvidamos de que Deus tenha escolhido sua Igreja para se tornar visível para as pessoas neste mundo. Temos a impressão de que os muitos casos de abuso profanaram a Igreja, que os inimigos a invadiram. Duvidamos de que Deus esteja protegendo essa Igreja. Mas então surge a confiança na congregação reunida em oração de que o braço de Deus é forte e que ele manterá viva a sua Igreja. Isso é razão suficiente para voltar a louvar a Deus: "E nós, teu povo, o rebanho de tua pastagem, te daremos graças para sempre; proclamaremos teus louvores, de geração em geração" (Sl 79,13).

Reze, um após o outro os Salmos 88 e 91. Quando recitar o Salmo 88, ofereça a Deus todas as suas dúvidas, seu lamento sobre a necessidade e aflição que sobreveio até você. Permita que o último versículo ressoe por mais tempo para que você realmente sinta o seu abandono. Mas então recite lentamente o Salmo 91 na presença dessas dúvidas. Talvez o Salmo 91 ajude você a tirar o poder das suas dúvidas e talvez volte a sentir confiança em si mesmo. E então poderá rezar cheio de confiança: "Pois aos seus anjos dará ordens a teu respeito, para que te guardem em todos os teus caminhos. Eles te levarão nas mãos, para que teu pé não tropece numa pedra" (Sl 91,11s.). Se você tiver uma gravação do "Elias" de Mendelsohn-Bartholdy, ouça o quarteto dos anjos que canta esses versículos maravilhosamente. Na música, você vivenciará a presença curadora de Deus que dissolve as suas dúvidas.

Tomé, o cético

O Evangelho de João nos apresenta o apóstolo Tomé como o cético típico. Quando Jesus diz que ele irá preparar uma morada para nós e que os discípulos conhecem o caminho que leva até ela, Tomé responde: "Senhor, não sabemos para onde vais, como podemos conhecer o caminho?" (Jo 14,5). Jesus não responde descrevendo o caminho, mas com a palavra famosa: "Eu sou o caminho, a verdade e a vida" (Jo 14,6). A dúvida de Tomé obriga Jesus a dizer mais sobre si mesmo, a revelar sua natureza aos discípulos. Assim, Jesus recompensa a dúvida de Tomé com uma afirmação sobre si mesmo que ainda serve como orientação para nós.

O Cristo ressurreto encontra os discípulos. Todos ficam muito impressionados com sua aparição. Mas Tomé duvida da afirmação dos discípulos: "Vimos o Senhor" (Jo 20,25). Ele quer ver as marcas dos pregos nas mãos, colocar seu dedo nessas feridas e quer tocar o seu lado ferido. Só então ele estaria disposto a crer. Ele não confia nas palavras dos outros apóstolos. Ele quer verificar com seu próprio corpo se as palavras dos discípulos dizem a verdade. Ele quer fazer um experimento, ver com seus próprios olhos e tocar com as suas mãos aquilo que os discípulos afirmam.

Jesus aceita o desafio. Ele diz a Tomé: "Põe aqui o dedo e olha minhas mãos, estende a mão e põe no meu lado, e não sejas incrédulo, mas homem de fé" (Jo 20,27). O convite de Jesus a Tomé de tocá-lo dissolve todas as suas dúvidas. Agora, nem precisa mais tocar o corpo de Jesus. O simples fato de Jesus não o repreender por causa de suas dúvidas o leva a fazer a confissão mais clara que um discípulo de Jesus pode fazer: "Meu Senhor e meu Deus!" (Jo 20,28). A dúvida leva Tomé não só a um conhecimento claro de quem é esse Jesus, mas também a um encontro mais profundo com Jesus, o Ressurreto. Tomé chama Jesus de *meu* Senhor e *meu* Deus. Por meio da dúvida, ele vivencia Jesus como seu

Senhor pessoal. O Evangelho não diz se Tomé realmente tocou o corpo de Jesus. A maioria dos exegetas acredita que a resposta positiva de Jesus bastou para dissipar todas as dúvidas de Tomé e o levou a fazer sua maravilhosa confissão.

Não basta simplesmente acreditar naquilo que a Igreja ensina. É isso que a história do Evangelho de João nos mostra. Nós também queremos vivenciar aquilo que cremos. E esse é um direito legítimo nosso. E não podemos provar a fé por meio da experiência. Mas a experiência pode fortalecer a fé. Antes da experiência, já há traços da fé. Mas queremos sentir, vivenciar na própria pele aquilo que cremos.

Jesus concorda com Tomé. Ele pode duvidar e pode ver com seus próprios olhos e tocar com seus próprios dedos aquilo do qual duvida. Ao mesmo tempo, Jesus aponta Tomé para uma forma mais profunda de fé: "Felizes os que não viram e creram" (Jo 20,29).

Klaus Berger interpreta a dúvida de Tomé e sua superação desta forma: "Tomé deve ter dito a si mesmo: como é fácil deixar-se levar por desejos, enganar a si mesmo por meio de uma mensagem positiva. E é exatamente esta a dúvida da exegese moderna desde H. S. Reimarus. Sua acusação contra os discípulos pascoais é: manipulação, pensamento ilusório, enganação sacerdotal em prol da própria carreira" (Berger 643). A dúvida de Tomé não é suspensa por argumentos, mas pela "experiência da presença do Deus pessoal o próprio Jesus [...]. Todas [...] as dúvidas são engolidas pelo chão quando a santa presença de Deus transparece em Jesus e convence o discípulo" (Berger 644s.). Essa experiência do Ressurreto transforma Tomé numa testemunha crível da ressurreição. E é assim que Berger traduz a palavra de Jesus a Tomé: "Agora que me viu, você crê. Felizes aqueles que, no futuro, crerão sem terem me visto" (Berger 644). "Aqueles que crerão no futuro" se refere a nós, que cremos com base no testemunho de Tomé. Se confiarmos em sua experiência, seremos felizes. Então nossa vida será bem-sucedida.

Tomé é chamado de gêmeo. Isso significa que ele é gêmeo para você. Você pode se reconhecer nele. Onde você percebe o Tomé que duvida e o Tomé que anseia pela experiência? Quando você não se contenta quando alguém lhe diz no que você deve crer? E quanto à sua fé no Ressurreto, da qual Tomé duvidou? Você também duvida de que Jesus, o crucificado, ressurgiu dentre os mortos? Você não pode ver o Jesus ressurreto como Tomé o viu. Mas como você pode vivenciá-lo de outras formas? Qual experiência ajudaria você a superar suas dúvidas? E então se lembre de situações em que você teve a certeza repentina: sim, minha fé é correta. Jesus realmente está aqui, por exemplo, na Eucaristia. E permita que essa certeza penetre todo o seu ser. Confie nessa experiência que pode dissipar todas as suas dúvidas racionais.

Natanael, o cético

No Evangelho de João, Tomé tem um irmão com dúvidas semelhantes às dele: é Natanael, o cético. Filipe encontra Natanael e lhe proclama: "Encontramos aquele de quem escreveram Moisés, na Lei, e os Profetas: Jesus filho de José, de Nazaré" (Jo 1,45). Natanael responde com aquela resposta que se tornou famosa: "De Nazaré pode sair alguma coisa boa?" (Jo 1,46). Ele duvida das palavras de Filipe de que esse Jesus é aquele sobre o qual tinham escrito Moisés e os profetas. A origem humilde basta para levá-lo a duvidar da messianidade de Jesus. Natanael não confia nas palavras de seu amigo Filipe. Ele conhece a Bíblia. E a Bíblia não diz nada sobre Nazaré. Portanto, o Messias não pode vir de Nazaré.

Filipe responde ao seu amigo: "Vem e vê!" (Jo 1,46). Ele deve ver com seus próprios olhos e julgar por si mesmo quem é esse Jesus. Filipe o convida a fazer uma experiência pessoal com Jesus e só então julgar. A palavra de Jesus o deixa inseguro, que o chama de um israelita verdadeiro sem falsidade. E então Natanael pergunta: "De onde me conheces?" E Jesus responde: "Antes de Filipe te chamar, eu te vi quando estavas debaixo da figueira" (Jo 1,48). João certamente não pretende dizer que Jesus só o observou sentado debaixo da figueira. Sentar-se debaixo da figueira tem um sentido mais profundo. As pessoas se sentavam debaixo da figueira para meditar sobre as Escrituras Sagradas. As pessoas se aprofundavam nas palavras da Bíblia. Jesus reconhece em Natanael o israelita piedoso, que estudava as palavras da Bíblia e meditava sobre elas e que ansiava pelo Messias. Natanael fica fascinado com a visão de Jesus. Ele sente que ele é alguém que vê as profundezas, as coisas ocultas do coração. Diante dessa experiência de que Jesus o reconheceu totalmente em sua essência, Natanael confessa: "Rabi, tu és o Filho de Deus, és o rei de Israel" (Jo 1,49). Essa confissão retorna de forma semelhante na confissão de Tomé diante do Ressurreto. Portanto, os dois discípulos céticos reconhecem Jesus melhor do que todos os outros discípulos. Eles reconhecem a essência verdadeira de Jesus. Sua dúvida os leva a um conhecimento e a uma experiência mais profundos. Existe, porém, uma intensificação entre a dúvida e conhecimento de Jesus entre Natanael e Tomé. Natanael duvida se o homem Jesus é o Messias. Tomé duvida da ressurreição de Jesus. Natanael vence sua dúvida quando percebe que Jesus enxergou seu coração. Tomé consegue soltar sua dúvida porque Jesus lhe concede a experiência de suas feridas transformadas. E assim se intensifica também a declaração mais objetiva de Natanael: "Tu és o Filho de Deus" na confissão pessoal: "*Meu* Senhor e *meu* Deus". Tomé reconheceu Jesus como seu Senhor e Deus pessoal porque ele lhe concedeu a experiência que ele exigiu para superar a sua dúvida.

A história de Natanael também nos convida a duvidar das palavras de outros sobre Jesus e sobre Deus. Vejo hoje muitas pessoas que se sentem inseguras porque lhes dizem tantas coisas sobre Deus e a experiência de Deus. Principalmente os mestres esotéricos fascinam muitas pessoas porque parecem possuir um conhecimento mais profundo. Mas é justamente em relação a eles que devemos ser céticos. Ceticismo é diferente de dúvida. Na verdade, a palavra ceticismo vem da palavra grega "skepsis – análise, teste, ressalvas". O cético quer verificar as afirmações. Isso é algo muito positivo. Na filosofia grega, o ceticismo possui ainda outro significado. Lá, a palavra ceticismo quer dizer que nós não podemos conhecer a verdade. Existe o ceticismo absoluto, que duvida de tudo, e o ceticismo relativo, que concede ao ser humano a capacidade de conhecer algumas coisas. Uma vertente da escola de filosofia cética – a chamada Nova Academia – acredita que cada representação pode ser errada, pois nós sempre podemos ser enganados. E não existe critério certo para distinguir uma ideia verdadeira de uma ideia falsa. O ceticismo moderno se volta principalmente contra as afirmações de fé. A fé não é capaz de nos levar ao conhecimento da verdade.

Em cada vertente filosófica sempre há um pouco de verdade. Por isso devemos aprender com a escola do ceticismo a questionar pensamentos religiosos. Isso vale principalmente onde sua usam palavras grandes. Especialmente no meio esotérico, as pessoas costumam prometer demais. Sempre que alguém usa palavras grandes demais para apresentar suas experiências espirituais, sempre que relata experiências extraordinárias, sempre que alguém tenta elevar-se com suas experiências sobre os outros, eu sou cético. E esse ceticismo é saudável.

Quando aplicamos a história de Natanael a essa situação, ela quer nos ensinar algo: nós só devemos confiar em alguém quando nós nos vivenciamos de forma nova. Natanael reconhece nas palavras de Jesus aquele que o enxerga e conhece. Mas nas palavras de Jesus ele reconhece também a si mesmo de forma nova. Não só a experiência de Deus, mas também uma nova experiência de si mesmo pode dissipar nossa dúvida em relação às palavras do proclamador. Mas essa experiência é necessária. Não devemos simplesmente confiar em palavras que soam piedosas ou fascinantes. Precisamos do critério de um autoconhecimento sincero e mais profundo. Devemos – como Filipe exige de Natanael – vir e ver, ver pessoalmente como vivenciamos as pessoas que nos falam de sua fé, se reconhecemos como sincera a sua conduta no dia a dia.

A vida concreta nos mostra se uma afirmação sobre Deus e a fé é correta ou se ela é apenas projeção. Natanael nos dá o direito de desconfiar de palavras muito grandes e de verificar sua autenticidade.

Em sua vida, muitas pessoas lhe contaram muitas coisas sobre Deus e Jesus Cristo: seus pais, seus professores, os padres em sua paróquia. O que você observa quando as pessoas lhe falam de Deus? Você acreditou em seus pais e naquilo que eles lhe disseram sobre a fé deles? O que o levou a isso? O que uma pessoa deve irradiar para que você acredite naquilo que ela lhe conta sobre Deus? Imagine agora pessoas específicas – seus pais, um professor, um padre – e reflita sobre as palavras que elas lhe disseram sobre Deus. Olhe ao mesmo tempo para a pessoa, para aquilo que ela irradia. E então veja se você pode confiar nela ou se você duvida daquilo que ela diz. E então aplique a história de Natanael a si mesmo. As palavras de seus pais, do professor e do conselheiro permitem que você conheça melhor a si mesmo? Essas palavras ajudam você a se ver em uma nova luz? E essa nova visão sua é apropriada ou uma ilusão que só quer seduzi-lo a se sentir como algo especial e a se colocar acima dos outros?

Zacarias, o cético

O anjo Gabriel encontra o velho sacerdote Zacarias no templo e lhe promete: "Isabel, tua mulher, vai te dar um filho a quem darás o nome de João" (Lc 1,13). Mas Zacarias duvida da promessa do anjo: "Como terei certeza disso? Já sou velho e minha mulher é de idade muito avançada" (Lc 1,18). Ele quer que o anjo lhe dê um sinal de que aquilo realmente é possível. Pois ele não consegue imaginar aquilo. Ele se conhece. Ele está velho. Ele não acredita que ainda consegue fazer algo novo. E ele conhece sua esposa idosa e também não acredita que ela ainda pode ter um filho. Como castigo pela sua dúvida, ele fica mudo. Ele permanece mudo durante nove meses. Poderíamos dizer: ele é obrigado a se calar durante nove meses para que todos os seus preconceitos em relação à sua esposa e suas opiniões sobre si mesmo se calem. A razão da dúvida de Zacarias é que ele acredita conhecer a si mesmo e a sua esposa. Ele define e limita a si mesmo e a sua esposa. Nós somos velhos. Nada de novo pode se desenvolver em nós. Levamos a vida, mas não há esperança de que algo novo aconteça conosco ou que algo novo possa vir a se desenvolver entre nós. Zacarias duvida de si mesmo e de sua esposa. O silêncio é um bom exercício para ele refletir sobre suas dúvidas e abrir mão de seus preconceitos que ele tem em relação a si mesmo e à sua esposa. Muitas vezes, estamos tão fixados em nossas ideias que temos de nós mesmos e dos outros que não acreditamos que ainda podemos ter novas possibilidades. Essa fixação em nosso modo de ver a vida nos leva então a duvidar de tudo que questiona o que consideramos normal.

Logo depois do encontro do anjo com o velho homem Zacarias, Lucas nos conta como o anjo Gabriel visita a jovem mulher Maria. Maria não duvida das palavras do anjo. Ela só pergunta como tudo isso pôde acontecer. As palavras que o anjo dirige a ela são tão incomuns quanto a promessa dada a Zacarias. Pois ela não tem marido. E sem marido ela não pode conceber um filho. Mas ela não limita o anjo às imaginações dela. Ela confia que aquilo que o anjo lhe disse possa acontecer. Mas ela quer saber como ela deve entender tudo isso. Maria está aberta para a promessa do anjo. Ela quer aprender com o anjo. Lucas descreve a reação de Maria ao anjo como uma boa maneira de lidar com nossas dúvidas. Nós duvidamos daquilo que é extraordinário, daquilo que ultrapassa os limites da nossa vida normal. Maria também se surpreende. Mas ela não rejeita o novo simplesmente porque não acredita que aquilo possa ser verdade. Ela pergunta para aprender.

Nenhum anjo nos aparece como os artistas o representam em suas imagens da anunciação de Maria. Mas o anjo poderia ser um impulso repentino que surge dentro de nós. Às vezes, temos uma certeza interior: eu deveria fazer tal coisa. Algo quer crescer dentro de mim. Este é o meu caminho. Mas nós duvidamos. Nós o descartamos como Zacarias fez. Aquilo não foi o impulso de um anjo, eu só imaginei aquilo. Mas Lucas quer nos mostrar que devemos responder a tais impulsos interiores ou a experiências espirituais. Devemos observar o impulso, entrar em diálogo com ele. Como aquilo que de repente surgiu dentro de nós poderia se tornar realidade? Não devemos ignorar a dúvida. Mas podemos perguntar como essa novidade que não entendemos poderia acontecer e como nós a poderíamos entender.

> Tente se lembrar de quando você já teve um impulso interior que mudou a sua vida. Onde você entendeu algo de repente? Como você reagiu? Você o rejeitou imediatamente como Zacarias: isso não é possível, isso só é uma ilusão, um devaneio? Ou você confiou no impulso? E qual foi o resultado? Então tente sentir: Qual é o impulso que você sente agora para o seu caminho futuro? Surgem ideias, desejos, anseios dentro de você? Como eles poderiam ajudar você a avançar, a seguir um caminho que o leva para novas regiões?

Dois polos no ser humano

C. G. Jung entendeu o ser humano de tal forma que ele sempre tem dentro de si dois polos: amor e agressão, razão e emoção, pontos fortes e fraquezas, confiança e medo. Esses polos incluem também fé e descrença ou fé e dúvida. Jung acredita que, quando reprimimos um dos polos, o outro polo entra na sombra. E a partir da sombra, ele passa a agir de modo destrutivo sobre o ser humano. Quando eu reprimo a agressão, por exemplo, porque ela não corresponde ao meu ideal do amor, ela passa a fazer parte da sombra. A partir dali, ela se manifestará ou na forma de dureza em relação aos outros, ou em doenças físicas, ou passa a exercer poder sob o disfarce do amor. Quando surge um conflito, por exemplo, e o padre diz no conselho paroquial: "Nós cristãos não brigamos, nós nos amamos", ele exerce poder. Pois ele diz a todos que pensam de outra forma que eles não estão amando. Gera neles uma consciência pesada. Gerar uma consciência pesada é a forma mais sutil de exercer poder, e é difícil se proteger disso.

O mesmo acontece com os dois polos fé e incredulidade, fé e dúvida. Quando acredito que eu só creio – que em mim não existe incredulidade, não existe dúvida – eu projeto a incredulidade ou a dúvida sobre as pessoas que não pensam igual a mim. Eu as julgo e combato. Vemos no terrorismo islâmico que aqueles que acreditam ser fiéis precisam matar todos os "infiéis". No fim das contas, os assassinatos que cometem nada mais são do que expressão de sua própria incredulidade. Pois sua fé é tão fraca que ela é abalada por todos que não pensam igual a eles. E eles precisam se defender contra essa insegurança com violência.

Mas a repressão da dúvida se mostra também no fundamentalismo cristão. Aqui, as pessoas também acreditam ser os únicos fiéis verdadeiros. Elas se colocam acima dos outros e os combate. O fundamentalismo cristão também exerce violência. Fundamentalistas cristãos matam médicos que executam abortos. Os fundamentalistas não conseguem conversar normalmente com outras pessoas. Estão sempre sob a pressão de ter que convencer o outro de que sua opinião é errada e de conquistar o outro para a única verdade válida. Quando os observamos de fora e vemos como eles são tensos, sentimos que seu recrutamento agressivo em nome da "fé verdadeira" é expressão de sua incredulidade ou de dúvidas reprimidas. Eles acreditam que estão sempre certos. Não permitem que sejam questionados. Por isso, não são capazes de conduzir uma conversa aberta. Só tentam convencer os outros sem entrar num diálogo.

No fundo, os fundamentalistas são sempre pessoas infelizes. Não estão em harmonia consigo mesmas. Separaram de si um aparte essencial de seu ser. E este faz falta à sua vivacidade. Isso vale para o indivíduo, mas também para as comunidades fundamentalistas. Conheço uma ordem religiosa que estabeleceu para si mesma o ideal de dar um testemunho de fé claro num mundo sem fé. A intenção é boa, mas como acontece com todos os ideais que uma comunidade estabelece para si mesma, é sempre preciso analisar com cuidado se esse ideal alto não é comprado a preço de uma sombra muito forte. A comunidade, que deseja dar um testemunho de fé claro, nem percebe a arrogância com que rejeita as pessoas que não compartilham de seus ideais. Numa comunidade que cultiva uma mentalidade de sacrifício percebe-se uma agressividade difusa.

Sempre que uma comunidade adota traços fundamentalistas, em algum momento, ela acaba se dividindo. Pois muitas vezes essas comunidades só sobrevivem enquanto estiverem lutando contra um adversário que cultiva outros pensamentos. Mas quando o adversário desaparece, as comunidades também se dividem. Fundamentalistas não são apenas pessoas infelizes, mas também pessoas que não sabem se relacionar. A única coisa que os une é a opinião compartilhada, mas eles não são capazes de dialogar com outras pessoas e construir um relacionamento saudável com elas.

Para Jung, o único caminho que leva à saúde psíquica e espiritual é aquele que une os dois polos. Aquilo que reprimi e que agora está na sombra deve ser trazido à luz e vinculado ao polo que tenho vivido até agora. Isso não significa que devo expressar agora apenas a minha sombra. Pois quando a sombra não é integrada com o polo consciente, ela terá um efeito destrutivo. Passo então a viver apenas a sombra e a reprimir o lado consciente. Isso é tão nocivo quanto a repressão da sombra. Se, por exemplo, eu passar a viver apenas a descrença e descartar a fé, eu prejudico a mim mesmo. Às vezes, isso acontece com pessoas cuja incredulidade estava reprimida. Vão de um extremo para o outro. De repente, não querem mais saber nada da fé. Muitos que se identificam como incrédulos ou não religiosos reprimem sua sombra. Então passam a ser agressivos em relação aos religiosos e crentes porque não querem que a fé do outro os deixe inseguros. Pois a fé dos outros os lembra de sua própria fé reprimida.

Para Jung, a cruz é um símbolo da conexão dos dois polos. Na Igreja primitiva, a cruz sempre foi um símbolo de reconciliação e um símbolo da união de todos os opostos. A carta aos Efésios já conhece esse efeito reconciliador da cruz. Paulo escreve: Cristo "é a nossa paz, ele que de dois povos (judeus e gentios) fez um só, derrubando o muro de separação, a inimizade, em sua própria carne" (Ef 2,14). Poderíamos dizer que judeus e gentios são os dois polos da fé e da incredulidade. Na cruz, Jesus conectou os dois polos. No Evangelho de João, Jesus diz: "Quando eu for levantado da terra (isto é, do alto da cruz), atrairei todos a mim" (Jo 12,32). A cruz é, portanto, uma imagem para o abraço.

Muitas vezes, convido as pessoas a imitarem o gesto da cruz cruzando os braços sobre o peito. E então recito diferentes polos que devemos abraçar: "Visto que Cristo na cruz me abraça, eu abraço em mim o forte e o fraco, o saudável e o doente, o amor e a agressão, a confiança e o medo, a fé e a descrença, a fé e a dúvida".

Quando abraço a dúvida ou a incredulidade, a dúvida passa a ter um efeito positivo sobre a minha fé, pois ela me obriga a reformular os artigos da fé na presença da minha própria razão. Então me pergunto: O que significa a existência de Deus? Quem é Deus? Como posso entender Jesus como Filho de Deus? O que significa ressurreição? O que me espera na morte? Como posso imaginar isso, que nós nos reveremos na morte? Não rejeito nenhum artigo do meu credo. Mas a dúvida me obriga a questionar cada artigo: como devo e posso entender isso? E como esse artigo me ajuda a viver melhor, de forma mais saudável e autêntica? Pois a fé deseja nos conduzir para uma nova qualidade da vida. A dúvida é parte essencial da fé. Pois ela liberta minha fé da arrogância e da dureza. E ela mantém viva a minha fé. Ela me obriga a buscar na fé sempre de novo o seu efeito curador e libertador. Quando a fé causa uma doença em mim, a dúvida é justificada. Mas não posso rejeitar a fé em si só por causa da dúvida, apenas a forma nociva da fé.

Meu padroeiro, o Santo Anselmo de Cantuária, tomou como fundamento de seu pensamento a fórmula: "Fides quaerens intellectum – a fé que busca o entendimento". A dúvida questiona cada artigo da fé, não para rejeitá-lo, mas para entendê-lo de forma mais profunda. A dúvida busca entendimento. A palavra latina "intellectus" provém de "intus legere = ler no interior, ler internamente". Poderíamos dizer: quero ler com o coração aquilo que a fé diz, quero entendê-la com o coração. Quero enxergar a profundeza do mistério da fé, quero entender o que eu creio. E esse entendimento faz parte da essência do ser humano pensante. Devemos isso à nossa dignidade como seres humanos pensantes que tentemos, através da dúvida, entender cada artigo da nossa fé de tal forma que a nossa razão consiga aceitá-lo.

Para mim, a dúvida é um motor importante que sempre me impulsiona a perguntar em cada festa do ano litúrgico: Como posso entender isso? Como posso – hoje, com meu conhecimento, com todo o conhecimento científico, com todas as experiências de um mundo que perdeu o rumo – entender o mistério do Natal, e com quais palavras posso representá-lo de tal forma que minha razão consiga aceitá-lo? Não consigo provar o mistério do Natal com a minha razão, mas minha explicação deve ser capaz de resistir ao escrutínio da minha razão. Se eu quisesse, eu poderia tirar do arquivo com as minhas pregações a homilia do ano passado ou de algum ano anterior. Mas a dúvida me obriga a reformular a minha fé todos os anos. Às vezes, isso é cansativo. Seria mais fácil simplesmente repetir uma homilia antiga. Mas isso não faria jus ao meu espírito que sempre está à procura. Ele sempre passa pela dúvida para buscar respostas novas, palavras novas para expressar a fé antiga de forma adequada.

Coloque-se de pé e cruze os braços sobre o peito. Você pode imaginar: visto que Cristo me abraça com todos os meus opostos, eu abraço em mim o forte e o fraco. Abraço em mim o saudável e o doente, aquilo que vivi e aquilo que não vivi, o sucesso e o fracasso. Abraço em mim a confiança e o medo, a fé e a descrença, o amor e a agressão, o claro e o escuro, o consciente e o inconsciente. E então entre nos opostos. Imagine que seu gesto da cruz protege o espaço interior do silêncio, o espaço do silêncio que se encontra além de todos os opostos, de todas as imagens. Aqui, nesse espaço interior do silêncio, você está livre das expectativas das pessoas. Aqui, você é são e íntegro e um consigo mesmo. Aqui, os opostos não o dividem mais, mas se unem, como disse Nicolau de Cusa: Deus é a "coincidentia oppositorum" = a união de todos os opostos. Aqui, onde você sente Deus dentro de você, todos os opostos se unem e você sente sua união interior.

A dúvida fortalece a fé

Umberto Eco, o cientista italiano e autor do famoso romance "O nome da rosa", disse certa vez: "O diabo é a pretensão do espírito, a fé sem sorriso, a verdade que nunca é acometida pela dúvida". O que ele quis dizer é que uma fé que não conhece a dúvida vem do diabo. Não é a fé que corresponde à mensagem de Jesus. Quando fala de uma fé que desconhece o sorriso, Umberto Eco se refere a uma fé medrosa, teimosa, arrogante que acredita saber de tudo e estar sempre certa. É uma fé intolerante.

O poeta alemão Erich Fried expressa algo semelhante quando diz: "Não duvide daquele que lhe diz que ele está com medo, mas tenha medo daquele que lhe diz que ele não conhece a dúvida". Quem afirma que não tem dúvidas mente. Ou, como diz Erich Fried, dele devemos ter medo. Pois essas pessoas costumam ser autoritárias. Não é fácil conversar com elas. Elas já sabem de tudo. E querem nos obrigar a pensar como elas. Mas quem admite que tem medo, com essa pessoa podemos ter uma boa conversa. Com ela podemos conversar também sobre a fé. Pois é uma fé que busca, que também conhece a dúvida. E podemos conversar com ela sobre este mundo. Ela não proclama uma imagem do mundo fixa, mas procura entender o mundo. E essa busca de entender aquilo que é resulta da dúvida nas coisas que encontramos pelo caminho da vida.

Quero citar três exemplos que mostram como a dúvida é parte essencial da fé e como ela pode fortalecê-la. O primeiro exemplo é uma experiência pessoal. Quando rezo, às vezes, surgem em mim as dúvidas do pensamento iluminista: estou imaginando tudo isso? Você só reza para se sentir melhor, para lidar melhor com as derrotas? Você reza para poder levar uma vida mais agradável?

Quando permito essas dúvidas, eu tento refletir até o fim sobre a alternativa à dúvida. Então digo a mim mesmo:

Sim, estou imaginando tudo isso. Eu me iludo quando rezo. Mas quando levo essa alternativa até seu extremo, tudo se transforma em ilusão, então sou obrigado a confessar que também os conhecimentos da ciência natural nada mais são do que ilusão. São somente um modelo para explicar a realidade. Mas quem me diz se essa explicação é realmente correta? Também os conhecimentos psicológicos nada mais são do que uma tentativa de explicar o comportamento do ser humano. Mas quem me garante que isso corresponde à realidade? Se todo conhecimento humano não passa de ilusão e imaginação, o mundo inteiro se torna absurdo. Nesse caso, não podemos obter nenhum conhecimento de nada. Vivemos então em algumas ilusões quaisquer. E no fim devemos decidir em que ilusão desejamos viver. Mas quando faço essas reflexões, surge um sentimento profundo dentro de mim: eu confio na Bíblia, eu confio em Santo Agostinho, confio em Santa Teresa de Ávila, confio nos velhos monges e em suas experiências. Confio na fé dos meus pais e das pessoas que me tocaram com a sua fé. Eu aposto na fé. Nessa situação, a dúvida me coage a tomar uma decisão em prol da fé. E fé é sempre um salto da dúvida para a confiança. A decisão em prol da fé não é uma decisão puramente racional, mas uma decisão instintiva. Mas no meu íntimo eu sinto: essa decisão é certa. Ela não se opõe à razão, ela transcende a razão. Ela corresponde ao meu ser como ser humano que se abre para aquilo que é maior do que eu mesmo.

Eu faço palestras sobre a morte e aquilo que nós cristãos esperamos quando morremos. Falo sobre as imagens que a Bíblia nos oferece da vida eterna na glória de Deus. Falo sobre as declarações da teologia sobre a vida eterna. Eu acredito naquilo que digo. Mas preciso expô-lo sempre de novo à dúvida. Pois evidentemente eu conheço a dúvida: falo da vida eterna apenas para lidar melhor com as frustrações da vida? Ou será que só falo do nosso reencontro na morte para me consolar? Quando enfrento essas dúvidas, recorro a uma afirmação de C.G. Jung. Jung disse certa vez que, como psicólogo, ele não podia provar que existe uma vida após a morte. Mas como psicólogo ele conhecia a sabedoria da alma. E a alma sabe que a morte não é fim, mas realização. E como psicólogo ele sabia: se eu violar a sabedoria da alma com todos os meus argumentos racionais, eu me torno inquieto e neurótico. É claro que posso duvidar também disto: será que a crença numa vida após a morte é apenas um remédio, algo que me permite viver melhor no aqui e agora? A alma cria essa imaginação para conseguir viver melhor? E também aqui sou confrontado com a decisão fundamental: eu confio na minha alma e na alma de muitas pessoas em todas as culturas e religiões? Ou acredito que a alma desenvolve ilusões apenas para poder viver melhor? Mas então me lembro da aposta que Blaise Pascal desenvolveu numa conversa com um cético. Walter Dirks resume a argumentação da aposta que Pascal desenvolveu em seus *Pensées*, desta forma: "Você não sabe se Deus existe. Você tem a escolha entre duas suposições, entre a de que Deus existe e a de que Deus não existe. Você não tem como fugir, você é obrigado a apostar em uma das duas possibilidades. Em algum momento, talvez no momento da experiência de sua morte, você descobrirá se você apostou na alternativa certa ou errada. Se você apostou contra a existência de Deus e ele realmente não existe, você não ganhou nem perdeu nada. Mas se você apostou na existência de Deus e ele não existe, você não perdeu nada; mas se ele existe, você ganhou tudo: a felicidade eterna. Sob essas condições, é razoável apostar na existência de Deus" (Dirks, p. 79).

É claro que Dirks reconhece também os pontos fracos dessa aposta. Pois Pascal vincula a existência de Deus necessariamente à felicidade eterna. Um cético poderia questionar isso. E poderíamos argumentar também que também o cético será recebido pelo Deus misericordioso na hora da morte. Mas Dirks concordo com o resultado da aposta. Pascal se refere não só a felicidade eterna, mas também ao aqui e agora. Quem decide apostar em Deus, já vive aqui de modo "fiel, honesto, humilde, grato, caritativo, amigável, justo e como amante da verdade" (Dirks, p. 74). Quem aposta em Deus vive aqui os valores da humanidade. Dirks acata essa argumentação apontando para a sua própria biografia: "Entre uma certeza de fé atribulada, mas surpreendentemente evidente e períodos de dúvidas não menos impressionantes, sempre fiz a mesma experiência: as fases de fé eram sempre também fases de empenho, envolvimento, produtividade e comunicação, as fases de incredulidade, porém, tinham o caráter de erosão; nelas eu não era produtivo, e o mundo era cinzas" (Dirks, p. 76). Ou seja, Dirks precisava de Deus para poder levar uma vida humana. Poderíamos questionar criticamente também esse argumento da necessidade. Mas Dirks aposta em Deus. Ele confia que Deus existe. E ele sente que essa aposta em Deus lhe faz bem. Ele renuncia a provas de Deus e recorre à sua própria biografia e a outras testemunhas da fé. Dirks se solidariza com muitos cristãos que se experimentam como pessoas de fé e dúvida. E ele afirma: "Esses cristãos que enfrentam crises existenciais por causa do problema de Deus, dificilmente encontrarão no passado um irmão que lhes fosse mais próximo do que Blaise Pascal, o francês dos meados do século XVII, um cristão que não escolheu o caminho fácil" (Dirks, p. 76).

Como segundo exemplo cito a experiência de Peter Wust. O filósofo católico Peter Wust (1884-1940) descreveu em seu livro *Ungewissheit und Wagnis* [Incerteza e ousadia] que duvidar de Deus é parte essencial da nossa fé. Pouco antes de sua morte, ele escreve a um amigo que esse livro é especialmente precioso para ele: "Neste livro, dei uma pequena olhada na profundeza abismal da vida para poder estar pronto para a morte" (Wust, p. 5). Wust escreve sobre a *insecuritas* do ser humano. A insegurança, ou incerteza, é parte essencial da existência humana, diferente do animal. E ela faz parte também de modo especial do ser humano que crê. Pois Deus é sempre um Deus que se revela e oculta. Para a alma humana, Deus está sempre presente e ausente. "Assim o ser humano passa a viver como que num estado de flutuação entre certeza e incerteza. [...] A alma jamais será dominada de forma tão absoluta pela certeza religiosa de Deus a ponto de não haver mais espaço para suas próprias decisões. Certeza e incerteza se apresentam em uma união completa, de modo que fé e descrença sempre têm a possibilidade de se manifestar e desdobrar" (Wust, p. 199). A "insecuritas" resulta na possibilidade constante da descrença. Para Wust, a descrença possui uma função positiva, "pois contribui para que a fé jamais possa se entregar a uma segurança confortável. A descrença é o estímulo constante da fé, que ela sempre incentiva para uma nova espiritualização e um rejuvenescimento vivo" (Wust, p. 200).

Da mesma forma, porém, em que a descrença pode fortalecer a fé, a fé rouba à descrença a sua segurança. Não existe uma *securitas dubii*, uma segurança da dúvida. O incrédulo não consegue se livrar "do desconforto de certa insegurança, de uma dúvida da dúvida, por mais oculta que seja" (Wust, p. 201). Mas é justamente essa dúvida da dúvida que faz com que, frequentemente, o incrédulo lute agressivamente contra a fé. Wust acredita que a luta se "torna mais amargurada quanto mais a fé oculta se manifesta na incredulidade" (Wust, p. 202). E assim Wust reconhece no fanatismo da incredulidade um fenômeno religioso. Mas ele adverte: "Por outro lado, a fé também não adquire aquela clareza a ponto de poder se elevar farisaicamente sobre a incredulidade" (Wust, p. 202).

Encontramos um terceiro exemplo de como a dúvida purifica e fortalece a fé nos escritos do místico espanhol João da Cruz. Ele fala da noite escura. Ela "é vivenciada no âmbito do conhecimento como insegurança e dúvida: imagens de Deus e concepções de fé antigas, que até então funcionavam, se evidenciam como superficiais e limitadas demais, desejos e expectativas em relação a Deus se revelam como 'projeções', 'palavras vazias' demasiadamente humanas e se tornam questionáveis na linguagem da fé e da oração" (Körner, *Lex Spir*, p. 1.471). Para os místicos, as dúvidas referentes ao conhecimento de Deus sempre preparam para a sabedoria mais alta do não conhecimento. A dúvida é "o caminho para a compreensão mais profunda da realidade daquilo que é pensado e imaginado. Para João da Cruz, a noite escura é "o processo da 'purificação' da força do conhecimento e da memória, livrando-as de todas as imaginações e hábitos de pensamento, que tentam fixar e domesticar Deus" (Körner, p. 1.472). João da Cruz acredita que é o próprio Deus que nos leva à dúvida para que nos abramos para a glória do seu amor, que não conhece limites.

Quando contemplamos a noite escura no contexto da dúvida, a dúvida significa que ela purifica a nossa fé de todas as imaginações que temos de Deus. Nossas imaginações sempre se misturam com nossas projeções ou anseios. Imaginamos Deus como gostaríamos que ele fosse. A dúvida nos purifica dessas imaginações para que nos abramos para o Deus verdadeiro, para o Deus incompreensível e indisponível. A dúvida nos mostra que não podemos dispor de Deus. Devemos permitir que Deus seja o Deus incompreensível e insondável.

Imagine que você duvida de tudo. Você tenta rezar e duvida. Será que tudo é apenas imaginação, que você acredita apenas para conseguir viver melhor? Você duvida da existência de Deus, duvida da validade dos mandamentos, duvida da mensagem de Jesus. E duvida que, na morte, teremos que prestar contas sobre a nossa vida. Quando você duvida de tudo, você se sente melhor? Você se sente livre? Ou você se sente desorientado? Tudo parece não ter sentido? Mas permita todas as dúvidas e reflita sobre elas. E então ouça o que você sente! O que seus sentimentos lhe dizem? Sua intuição lhe diz que as dúvidas estão certas? Ou sua intuição o leva a apostar na existência de Deus. A intuição não é irracional. Os neurologistas nos dizem que a intuição tem a ver com o nível relacional. Eles nos dizem também que o nosso mundo é tão complexo que decisões intuitivas costumam ser mais certeiras. Pois as decisões intuitivas podem recorrer à parte do cérebro que armazena as experiências de toda a nossa vida e da vida dos nossos ancestrais. Por isso, faz sentido obedecer à intuição e tomar decisões intuitivas em relação à questão de Deus. Em termos puramente racionais, você não pode provar nem sua existência nem sua inexistência. Por isso, confie em sua intuição.

A minha experiência me diz que a intuição se decide a favor de Deus. Assim, desejo também para você que sua intuição tenha uma noção de Deus e aposte na fé.

Fé e dúvida como caminho para uma experiência mais profunda

Thomas Merton, o conhecido trapista norte-americano, fez uma palestra em 25 de outubro de 1968, em Calcutá, durante sua viagem pela Ásia. Ele se dirigiu a representantes de diferentes religiões e fez essa palestra em seu papel como monge cristão. Ele entende o monge como alguém que transcende a morte, que transcende a oposição entre a morte e a vida e assim se torna testemunha da vida. Para que isso seja possível, é preciso ter fé. Mas essa fé – assim disse Merton nessa palestra – sempre está ligada à dúvida: "Fé significa dúvida. Fé não é a repressão da dúvida. É a superação da dúvida, e nós superamos a dúvida quando passamos por ela. O homem de fé que nunca duvida não é homem de fé. Portanto, o monge é alguém que, nas profundezas de seu ser, precisa lutar com a presença da dúvida e precisa atravessar aquilo que algumas religiões chamam de a Grande Dúvida: atravessar a dúvida para alcançar a entrega, que é muito, muito profunda, pois não é a nossa própria entrega, mas a entrega de Deus em nós. A única realidade última é Deus. Deus vive e habita em nós" (Merton, 186).

Para Merton, atravessar a dúvida é o caminho místico. Pois a dúvida duvida das nossas afirmações sobre Deus e sobre a fé. Quando atravessamos a Grande Dúvida, que duvida de tudo, alcançamos uma realidade que se encontra além de todas as dúvidas. É a realidade de Deus em nós. Segundo Merton, a dúvida nos leva à humildade, na qual nós nos entregamos a Deus. Reconhecemos que não podemos conhecer a Deus. Alcançamos o conhecimento de não sabermos nada. Mas quando admitimos tudo isso, alcançamos um estado que se encontra além de todo conhecimento, um estado de uma experiência profunda que não podemos descrever com exatidão. Mas também não podemos fazer essa experiência. No fundo, ela nos é dada. E por isso o caminho da dúvida nos leva para a experiência de que a essência da vida nos é dada. É, no fundo, a experiência da graça.

No final de sua palestra, Merton volta a falar da experiência que nós, os monges, podemos fazer quando passamos por todas as dúvidas. É a experiência de uma união profunda, que já existe. "Encontraremos uma unidade primordial. Meus queridos irmãos, nós já somos essa união. Mas achamos que ainda não a alcançamos. E é isso que devemos reencontrar: a nossa união original. Já somos aquilo que devemos ser" (Merton, p. 188).

O caminho místico descrito por Thomas Merton é um caminho que atravessa a oposição entre fé e dúvida, a dualidade, e que leva até o fundo de todo ser. E nesse fundo primordial de todo ser tudo é um. No fundo de todo ser, descobrimos que somos um com Deus, um com toda a criação e um com todos os seres humanos. E essa experiência de unidade com todos os seres humanos, também com os incrédulos, com os chamados "pagãos" ou com os ateus, nos liberta da pressão de justificar a nossa fé. Nessa união profunda não precisamos mais superar a nossa dúvida, não precisamos usar a razão para argumentar contra a dúvida. Nós ultrapassamos a dúvida de modo existencial. Nós a atravessamos e tocamos a união que une tudo: a fé e a dúvida, a fé e a descrença, a certeza e a incerteza.

Segundo Merton, portanto, nossa tarefa seria atravessar a dúvida e assim alcançar uma experiência mística, a experiência da união abrangente. O fascínio da união original, o anseio pelo "um" impregna já a filosofia grega. Parmênides fala do Um que é, ao mesmo tempo, tudo. Diante disso, os opostos são apenas aparência para Parmênides. Tomás de Aquino não vai tão longe, pois adota o pensamento de união de Aristóteles. Ele escreve: "Não existe multiplicidade que não participe de alguma forma do Um" (Fries, *Einheit*, p. 259). Nicolau de Cusa desdobrou esse pensamento da união. Em Deus – assim diz Nicolau – tudo é um. Ele fala de Deus como a "concordantia discordantium" (da harmonia dos diferentes tons) e da "coincidentia oppositorum" (da fusão de todos os opostos). Aqui, a filosofia grega da união se encontra com a filosofia latina. E, no fundo, também com o pensamento oriental, que também parte da união, se encontra com o pensamento ocidental, que parte da dualidade. Atravessar a dúvida, o "ambíguo", para encontrar o Uno no fundo de todo ser, onde somos um com todos os seres humanos, com tudo que é, com Deus como fundo do ser – este é o objetivo de toda mística. Assim, o caminho místico é a superação da dúvida. Mas esse caminho não nega a dúvida, ele a contempla e a atravessa.

Existem diferentes caminhos místicos. Evágrio Pôntico (345-399) como representante do monasticismo antigo descreveu a mística como mística da união. Ele fala da "theoria physike", da mística que contempla a natureza com olhos diferentes, que reconhece Deus em tudo que é como fundamento de todo ser. John Eudes Bamberger, um noviço de Thomas Merton, compara a concepção de Evágrio Pôntico com a concepção hindu do "Tattva = ente" das coisas. Eu vejo Deus nas coisas. E quando me sinto um comigo mesmo, sinto-me um também com toda a criação e, na criação, com todos os seres humanos, com todos os animais e todas as plantas e com Deus. No fundo da alma termina a divisão entre fé e dúvida, entre luz e escuridão, entre as diferentes paixões que existem dentro de mim. E sinto uma profunda união interior. Eu sou um comigo mesmo, eu aceito a minha vida, aceito tudo que existe dentro de mim. Evágrio chama esse estado de "apatheia", que indica um estado em que as paixões, que normalmente costumam me dilacerar, estão em harmonia umas com as outras. E ele o chama de "visão da paz", "que é mais nobre do que toda compreensão e que protege o nosso coração". Assim escreve Evágrio numa carta a um monge. Nessa experiência de união, todas as dúvidas se calam. Pois nela dúvida e fé são um. Eu atravesso a dúvida e alcanço um estado, a união de todo ser. C. G. Jung também fala do "unus mundus", do mundo uno, no qual mergulhamos, por exemplo, no sonho, e participamos de um mundo em que tudo é um, em que as distâncias não importam, em que transcendemos todos os limites e alcançamos uma unidade em que somos um com tudo que é. Assim, a dúvida é um desafio para atravessá-la e alcançar a fundo da alma e o fundo do mundo, o fundo primordial, em que tudo é um.

Você tem duas mãos. Dobre as mãos. Elas transformam você em um. E quando você estende as mãos para o alto na postura da oração, as suas mãos dobradas o conduzem para Deus. Nessa postura de oração, você se sente um com Deus. Você tem dois olhos. Olhe para um ícone de Cristo. Seus dois olhos estão fixados no mesmo objeto. Na contemplação, você se torna um com a imagem. A divisão dentro de você deixa de existir. Feche os olhos e se volte para dentro. Através o seu corpo até chegar no fundo da sua alma. Lá, você é um com tudo que é, também com os sentimentos caóticos, também com seus sentimentos e suas necessidades contraditórias. Em meio ao caos, você encontra uma união interior. E agora, vá além.

Imagine que, no fundo de sua alma, você é um com todos os seres humanos. Na profundeza do seu ser, você é um com todos os seres humanos, com os representantes de todas as religiões e também com os incrédulos. E imagine que, no fundo da sua alma, você é um com toda a criação, com todos os animais e plantas e com tudo que é. Você é feito do mesmo pó das estrelas como todo o cosmo. E imagine que você é um com Deus, com o fundamento primordial de todo ser. Nessa experiência da união, a dúvida é superada. Você atravessou a dúvida e alcançou o fundo do ser, a união mais profunda. Aqui, a dúvida não tem acesso.

A *dúvida que rejeita a fé*

Além dessa dúvida, que é parte essencial da fé e que a desafia, existe também a dúvida que questiona tudo. Ela não aceita nenhuma insegurança. Essa dúvida existe não só em relação à fé, mas em relação a qualquer conhecimento. Duvidamos de tudo, porque não estamos dispostos a aceitar novos conhecimentos. Duvidamos de cada programa político porque não confiamos nos políticos. Duvidamos da honestidade do empreendedor porque o acusamos de motivos egoístas. Duvidamos de tudo para podermos permanecer na nossa posição agradável. Duvidamos de todas as pesquisas científicas. Achamos que foram encomendadas por algum lobista e que só produzem os resultados que eles desejam.

É claro que, muitas vezes, a dúvida é justificada. Existem hoje tantas pesquisas na área da saúde que não sabemos mais em quem ainda podemos acreditar. Existem as sugestões mais contraditórias para uma alimentação saudável. É bom duvidar diante disso. Mas algumas pessoas se acomodam tanto em seus hábitos que não aceitam nenhuma sugestão de ninguém. Acreditam que as sugestões ou vêm da indústria alimentícia ou expressam posições ideológicas. A despeito de todas as dúvidas, devemos estudar essas pesquisas e não rejeitar de antemão tudo que questiona os nossos próprios hábitos.

Nesse sentido, existe também a dúvida fundamental na fé. Rejeitamos todas as afirmações da fé como projeção de nossas próprias necessidades. Todos que proclamam a fé o fazem por motivos egoístas. E a fé é simplesmente uma fuga da realidade. Essa dúvida, que rejeita a fé de forma fundamental, é chamada de pecado pela teologia moral. É a dúvida que nem contempla a perspectiva da fé. Para essa dúvida, a fé é essencialmente enganação própria. Mas aquele que duvida não percebe que ele engana a si mesmo porque se fecha para qualquer questionamento. Esse tipo de dúvida é intensificada pelas mídias de hoje. Pois as mídias só falam de eventos negativos. Assim, todos aqueles que ocupam uma posição pública são acusados de estarem fingindo algo. Desse modo, a confiança não só na política e na Igreja é minada, mas também nos médicos, nos bancos, na polícia, nas autoridades. Só existem pessoas que abusam de seu poder e que se escondem por trás de uma fachada bonita. Não se pode confiar no Estado. Por isso, lutamos contra ele. Mas ignoramos o fato de que nós também violamos as leis e os valores humanos.

Aquele que duvida de tudo não quer adquirir conhecimentos novos. O que ele quer é defender sua própria posição. Já que todos os outros são malvados, não precisamos aceitar nada daquilo que dizem. Essa dúvida é destrutiva. Não é possível discutir com esse tipo de pessoa.

Quando essa dúvida se volta contra a fé, ela procura todas as razões possíveis para confirmar que a religião é apenas imaginação e ilusão. A pessoa que duvida estuda a história da Igreja só para contar todos os escândalos que aconteceram na história da Igreja. Ou aponta para a má conduta de muitos padres. Pessoas que duvidam de tudo não tentam apenas encontrar os erros e as fraquezas dos outros. Elas desvalorizam também aquilo que é positivo. Pessoas que se empenham pelo bem de outros são ridicularizadas. Mesmo quando médicos, enfermeiras e policiais arriscam sua vida pelos outros, isso é desvalorizado. As pessoas dizem: elas só querem ser o centro das atenções. Pessoas espirituais, cuja aura convence e inspira muitos, são desvalorizadas e acusadas de viver num mundo irreal.

Uma pessoa que duvida da fé de modo fundamental, que duvida de tal forma que não aceita nenhuma outra perspectiva, busca mil razões para não ter que crer. Mas sentimos que, no fundo, ela duvida de sua dúvida. É por isso que ela precisa de tantos argumentos para justificar a sua dúvida e sua rejeição da fé. Mas sentimos: quem precisa de tantas razões não tem razão. Ou a razão está em outro lugar, não em seus argumentos, mas em sua rejeição fundamental da fé. Muitas vezes, essa rejeição tem a ver com experiências decepcionantes. A pessoa não quer saber da fé porque foi decepcionada ou ferida em sua fé. As dúvidas racionais que ela expressa contra a fé têm a função de justificar sua própria rejeição da fé e de fundamentar sua reação às decepções. Mas o fato de ela duvidar de sua dúvida se manifesta na agressividade com que rejeita a fé. A agressividade sempre revela a insegurança que a fé do outro provoca nela. C. G. Jung mostrou isso no exemplo de São Paulo. O apóstolo perseguia os primeiros cristãos porque o pensamento deles o deixava inseguro, porque questionava seu próprio pensamento legalista.

Existem em sua vida também pessoas cuja opinião e visão do mundo você rejeita fundamentalmente? Por que você as rejeita? Você fez experiências ruins com elas? Você sente que elas fingem ser algo que não são? Ou você se defende contra elas porque elas causam insegurança em você, porque tocam algo em você que também o comove, mas que você prefere ignorar? O que aconteceria se você contemplasse suas opiniões objetivamente? Você não precisa adotar suas opiniões. Talvez você perceba que o outro está num caminho errado. Mas a disposição de se confrontar com a opinião do outro acabará gerando uma paz interior. Se você rejeita tudo de antemão, permanece em você uma intranquilidade. Você vive sob a tensão de sempre ter que se defender contra os outros e de sempre precisar procurar argumentos para refutá-los.

Existem também vertentes espirituais que você rejeita de antemão? Por que você as rejeita? Não há nada de errado em se distanciar de determinadas vertentes espirituais, talvez porque não correspondam ao meu sentimento e à minha experiência de vida, talvez porque eu as perceba como exageros. Mas antes de me distanciar, eu deveria tentar entender esses movimentos espirituais, sem julgá-los ou desprezá-los imediatamente. Qual é a insegurança que o movimento espiritual, que você rejeita, provoca em você? Seria bom se você permitisse que outros movimentos espirituais provocassem essa insegurança em você e o levassem a duvidar de seu próprio caminho espiritual?

A DÚVIDA EM DOENÇA E AFLIÇÃO

Muitas pessoas duvidam de Deus quando são acometidas por uma doença após a outra ou quando muitas pessoas próximas morrem. Ou duvidam quando olham para o mundo e contemplam o caos que as mídias nos apresentam todos os dias. O estado do mundo, tanta injustiça, tanta guerra e terror, tanta pobreza e sofrimento geram dúvidas dentro de nós, e nós nos perguntamos se este mundo realmente está nas mãos de Deus ou nas mãos de forças malignas. Desde sempre, o sofrimento no mundo é uma fonte de dúvida na justiça e na onipotência de Deus.

Em seu livro **Kann man noch Christ sein, wenn man an Gott zweifeln muss?** [Ainda posso ser cristão se tenho que duvidar de Deus?] Heiner Geissler descreve principalmente o sofrimento no mundo como razão pela qual ele e muitas pessoas duvidam de Deus. E ele cita a famosa palavra do poeta alemão Georg Büchner (1813-1837) sobre o sofrimento: "Ele é a rocha do ateísmo" (Geissler, p. 22). Geissler questiona todas as tentativas da teodiceia, da justificação de Deus em vista do sofrimento. O sofrimento não permite acreditar num Deus onipotente e misericordioso. Geissler cita o mestre africano da Igreja Lactâncio, que, já 1700 anos atrás, refletiu sobre essa velha pergunta da humanidade: "Por que Deus não impediu o mal? Ou Deus é incapaz, então não é onipotente. Ou ele não quer, então ele não é bom nem justo. Ou ele não pode e não quer, caso em que ele é impotente e mau ao mesmo tempo. Ou ele pode e quer, por que, então, ele não o faz?" (Geissler, p. 11). Lactâncio não consegue dar uma resposta a essa pergunta. Ele simplesmente a aceita como desafio para refletir sobre nossa imagem de Deus. Evidentemente, devemos nos despedir da imagem do Deus onipotente e misericordioso. Deus é um mistério que não conseguimos desvendar. E o sofrimento nos obriga a perguntar em meio a todas as dúvidas: quem é Deus? Como podemos entender esse Deus? Ou será que Deus nem existe? Ou esse Deus não existe como o imaginamos? E qual seria esse Deus totalmente diferente, esse Deus que não corresponde às nossas imaginações?

A luta de extrair um sentido do sofrimento impregna todas as religiões. E nenhuma religião é capaz de fornecer uma resposta satisfatória à questão do sofrimento, pelo menos não uma resposta racional satisfatória. A resposta cristã consiste, de acordo com Jürgen Moltmann, não numa resposta metafísica, mas mística, "segundo a qual Deus está unido conosco na dor. Nosso sofrimento verdadeiro é também o seu sofrimento, nosso luto é também o seu luto, nossas dores são também as dores do seu amor" (Moltmann, *LexSpi*, p. 781). Jesus também não nos dá uma resposta à pergunta pelo sentido do sofrimento. Mas ele passa pelo sofrimento e assim o transforma. Assim ele nos mostra um caminho que nos permite atravessar o sofrimento sem que ele nos destrua.

Um homem me contou sobre sua amiga que agora só consegue duvidar porque simplesmente não entende como ela pôde sofrer tantas calamidades nos últimos anos. Dentro de seis semanas, ela perdeu pai e mãe. Meio ano depois, recebeu o diagnóstico de câncer de mama. Ela pensava que tinha processado e superado a morte dos pais na fé. Mas depois do diagnóstico de câncer, sua fé implodiu. Ela passou a duvidar da justiça de Deus, até mesmo da presença de Deus. Onde está esse Deus que prometeu nos ajudar? O que significam as palavras de Jesus: "Pedi e vos será dado; buscai e achareis; batei e vos abrirão" (Lc 11,9)? Para muitas pessoas que carregam o peso de um sofrimento grave, essas palavras de Jesus são vazias. Não conseguem acreditar nelas. Duvidam dessas promessas. E quando o pregador fala demais da confiança em Deus, elas só sentem resistência a tais palavras religiosas. Elas confiaram em Deus e rezaram cheias de confiança de que a mãe recuperaria a saúde. Mas ela faleceu. A sua morte destrói não só sua confiança em Deus, mas gera dúvida em relação à própria existência de Deus.

Nessas situações, duvidar de Deus é compreensível. Mas quando o analisamos mais de perto, duvidamos sempre de determinada imagem de Deus à qual nos agarramos: Deus é o Pai bondoso, que cuida de mim. Na doença, não me sinto cuidado por Deus. Todas essas afirmações e declarações piedosas da Bíblia me parecem falsas. A dúvida destrói minha imagem de Deus. Mas ela é, ao mesmo tempo, um desafio para buscar outra imagem de Deus ou para ficar atento ao Deus incompreensível. A nova imagem de Deus não será mais tão perfeita como a antiga. Ela será caracterizada pela incompreensibilidade. E sempre que imaginamos Deus de forma demasiadamente concreta, a dúvida se manifestará porque não consegue harmonizar essa imagem muitas vezes excessivamente amável de Deus com a realidade do sofrimento.

A dúvida, porém, destrói também a minha autoimagem. Ao duvidar de Deus quando adoeço ou quando morre um ente querido, eu reconheço que minha autoimagem dependia exclusivamente da saúde e da relação com aquela pessoa amada. A dúvida me obriga a entrar em contato comigo mesmo e a me perguntar qual é meu eu verdadeiro. Meu eu verdadeiro é mais do que a minha saúde e mais do que o meu relacionamento com um amigo ou cônjuge.

Um casal foi para um grupo de oração. A mulher fazia orações especialmente piedosas, de modo que os outros admiravam sua fé profunda. Certo dia, porém, ela larga seu marido por outro homem pelo qual ela se apaixonou. Ela não se despede do grupo de oração e recusa qualquer diálogo. Os outros membros do grupo de oração duvidam da autenticidade de sua fé: será que tudo era apenas aparência? Será que ela só se iludiu com seus pensamentos espirituais? Ou será que aquilo é apenas um lado dela, o lado com o qual reprimiu seu outro lado infiel? E os membros duvidam de sua própria oração. O homem abandonado mal consegue rezar. Ele pode confiar em sua oração, ou será que ela é apenas uma fuga dos problemas da vida?

Uma mulher duvida de Deus. Seu marido, que sempre praticou esportes, recebe o diagnóstico de um tumor agressivo. Ambos sempre tinham encontrado apoio na fé. Mas agora a mulher duvida da bondade de Deus. Ela teme não conseguir manter a casa se seu marido morrer. Sua confiança em Deus se dissolve. Ela duvida de tudo. As palavras reconfortantes da Bíblia que, no passado, a fortaleciam, agora não alcançam mais seu coração.

É compreensível que um sofrimento incompreensível nos leve a duvidar de Deus. Pois Deus também é incompreensível. O sofrimento nos obriga a abrir mão de imaginações demasiadamente concretas de Deus e a nos abrir para a incompreensibilidade de Deus. Mas Karl Rahner afirma que sempre devemos saber que a incompreensibilidade de Deus é, mesmo assim, amor, mas um amor incompreensível. Só podemos tentar nos entregar ao amor de Deus na dúvida e, a despeito de todas as dúvidas, dizer: "Mesmo assim, eu me agarro a ti, mesmo que não compreenda nada".

Como você se sentiu quando recebeu o diagnóstico de uma doença grave? Você duvidou se podia confiar em Deus? Você duvidou de si mesmo? Talvez você acreditava levar uma vida saudável, que você estava em harmonia consigo mesmo e que, a despeito de todo o trabalho, sempre cuidou também de si mesmo. Mas agora você adoeceu. Isso o leva a duvidar do sentimento positivo que você tinha em relação a si mesmo. Será que eu me iludi? Não levei meu corpo a sério?

Que sofrimento já acometeu você em sua vida? A morte de quem lançou você em um luto profundo? E quais dúvidas surgiram dentro de você durante o luto? Durante o luto, vivenciamos muitos sentimentos caóticos. Esses sentimentos caóticos incluíam também a dúvida, você duvidou de tudo, de si mesmo, do sentido da vida, de Deus? Como você lidou com as dúvidas? O que lhe ajudou a transformar as dúvidas e os sentimentos caóticos. As dúvidas levaram você a uma nova imagem de Deus e a uma espiritualidade mais profunda? Ou você simplesmente reprimiu as dúvidas e mergulhou no trabalho?

O anseio por certeza

Algumas pessoas são atormentadas por dúvidas quando adoecem. Outras suportam a doença com um consentimento e uma paz interiores. Uma mulher me contou sobre sua mãe, que se prepara para a morte. Para ela, tudo está claro: Deus quer o bem dela. Tudo está bem do jeito que está. Deus sabe o que é bom para mim. Uma outra mulher reagiu à minha pergunta porque ela não sente insegurança diante de todo o sofrimento: "Eu não entendo qual é o sentido disso tudo. Mas confio que Deus sabe por que tudo é assim. E eu aceito isso de Deus". Um missionário me falou de uma mulher africana que vivenciou muito sofrimento. Mas ela não é uma mulher amargurada. Ela tem certeza: Deus é bom. Poderíamos dizer que essa fé resulta numa postura fatalista. Mas nenhuma das mulheres passava a impressão de resignação, mas de uma grande tranquilidade em vista de todas as turbulências em sua vida e no mundo.

Quando reflito sobre meus pais, vejo que eles estavam simplesmente fundamentados na fé. Eles vivenciaram a guerra, a evacuação para uma pequena aldeia, porque sua casa nas proximidades de Munique se encontrava perto de uma fábrica de aviões e, por isso, corria perigo de ser bombardeada. Vivenciaram a aflição do pós-guerra, a falência de sua loja e grandes necessidades materiais. Mas nunca duvidaram de Deus. Aceitaram tudo sabendo que, a despeito de tudo, eles estavam sob a bênção de Deus e que Deus não os abandonaria. Para a minha mãe, essa fé se expressava nesta simples afirmação: "Jamais devemos perder a esperança". E no último ano de sua vida, quando fraturou o quadril e precisou ficar de cama e receber cuidados, ela aceitou também isso. Quando P. Sturmius, o irmão mais novo do meu pai, faleceu, eu observei meu pai quando ele se aproximou do caixão. Ele se abalou ao ver seu irmão morto no caixão. Mas ele não se abalou em sua fé. Ele ficou em posição ereta diante do caixão. Para mim, aquilo foi uma imagem da fé que o mantinha de pé. Meus pais, e certamente muitas pessoas de sua geração, estavam simplesmente fundamentados em sua fé. Possuíam uma certeza interior, pela qual ansiamos hoje em dia.

Uma irmã da minha mãe tinha herdado a fazenda de seus pais. Seu marido tinha morrido na guerra. Depois da guerra, ela conseguiu manter a fazenda com grandes dificuldades e se casou uma segunda vez. Seu filho primogênito, que tinha assumido a fazenda, morreu de câncer de pele, uma filha, de leucemia. Mesmo assim, a minha tia não desistiu. Quando perguntei como ela tinha resistido a tudo isso, ela respondeu com alegria e clareza: "Cada um deve carregar a sua cruz". Ela não duvidou de Deus nem de sua bondade. Ela simplesmente aceitou seu destino sem questioná-lo. Ela o via como a cruz que Deus tinha dado a ela. Mas ela não ficou amargurada por causa dessa cruz. Ela a aceitou e a carregou. A despeito de todo sofrimento, ela preservou sua alegria interior.

A certeza de fé da minha mãe e da minha tia não tinham nada de arrogante ou teimoso. Elas nunca defenderam a verdade com argumentos. E também nunca se colocaram acima de outros. Elas acolheram o sofrimento de outros sem passar sermões piedosos. Simplesmente ouviram e ajudaram a carregar o sofrimento dos outros. A certeza e a confiança na fé que elas tinham adquirido na infância as marcou. Isso lhes deu apoio na vida, a despeito de todo sofrimento, de todas as crises que tinham vivenciado. Hoje em dia, nós ansiamos por essa certeza de fé, por uma paz interior que não desaparece nem mesmo no sofrimento. Ela não reprime o sofrimento. Mas ela o aceita porque possui um fundamento que não se abala. Essa certeza de fé não faz de conta que sabe tudo melhor do que os outros: "Eu nunca duvido. Eu sei exatamente que Deus me ajuda". Não, essa certeza de fé se expressa de modo silencioso e humilde. Ela não serve para convencer os outros. Mas quando é perguntada, ela pode responder tranquila e humildemente: a despeito de tudo, sinto-me carregada por Deus. O que preciso carregar é pesado. Mas eu aceito. Confio que tudo isso tem um sentido. A fé dá um sentido também às coisas difíceis na vida. Ela não se desespera quando nossas expectativas não se cumprem.

Vivenciei essa certeza de fé também em alguns confrades. O frei Joachim foi, durante muito tempo, procurador missionário e ajudou muitas pessoas na África. Durante dez anos, teve que pegar um taxi que o levava até Würzburg para fazer diálise. O motorista do taxi, as enfermeiras e os médicos que o atendiam se comoviam com sua tranquilidade. Quando ficou sabendo que a diálise não poderia ser continuada e que ele morreria, ele aceitou isso com a maior calma. Ele se despediu dos funcionários do comércio justo que ele tinha fundado. Ele não brigou com Deus. Estava grato pela vida que pôde ter. E assim, ele pôde partir com confiança e tranquilidade, sabendo que os braços amorosos de Deus o acolheriam.

Não podemos voltar no tempo. As dúvidas nos atacam de todos os lados. Mas quando atravessamos a dúvida, podemos ser gratos por encontrar um solo firme por algum tempo quando decidimos a favor da fé contra todas as dúvidas. E fé é sempre também uma decisão. E quando tomamos essa decisão, não precisamos permitir que a dúvida a questione o tempo todo.

Em sua descrição minuciosa da "insecuritas", da insegurança do ser humano, Peter Wust procurou uma resposta na "ousadia da sabedoria". Ele vê essa ousadia como "união sábia de solidez intelectual e flexibilidade espiritual" (276). Sabedoria não consiste em muito conhecimento, mas numa visão mais profunda da realidade. Ela leva "àquela tranquilidade nobre, na qual calma e atividade colaboram numa união harmoniosa" (280). Aquilo que contei sobre as mulheres simples que aceitam seu destino com leveza e tranquilidade é, segundo Wust, sinal de uma sabedoria mais profunda, de uma sabedoria sobrenatural, da sabedoria da fé: "O sábio reconhece não só claramente as relações mais profundas da vida e não reconhece apenas as exigências que este sentido da vida faz a ele. Ele também se submete a essas exigências e as insere nas relações de sentido da vida, não com resistência ou resignação, mas com respeito, gratidão e alegria, com aquela segurança infantil que só o grande amor pode dar" (280). Wust acredita que essa sabedoria verdadeira, a sabedoria da fé, é mais difícil de acessar para os cultos, os filósofos e teólogos do que para as pessoas humildes. É assim que ele interpreta o grito de júbilo de Jesus: "Eu te louvo, Pai, Senhor do céu e da terra, porque escondeste estas coisas aos sábios e entendidos e as revelaste aos pequeninos" (Mt 11,25).

Vejo essa sabedoria frequentemente em pessoas simples como minha mãe ou meu pai ou em muitas pessoas idosas que tive o privilégio de conhecer e cuja fé eu pude admirar. Vejo essa sabedoria em alguns confrades idosos, em confrades que já morreram e que, até o fim, permaneceram firmes em sua certeza de fé.

Eu não posso simplesmente copiar a fé sólida dos meus pais e dos confrades mais velhos. Mas quando permiti todas as dúvidas e tomei a decisão em prol da fé, às vezes, eu consigo ter uma noção de como isso faz bem: simplesmente crer sem ter que duvidar de tudo o tempo todo. Isso não significa que eu não questione as palavras da Bíblia ou da confissão de fé. Mas tento interpretá-las. Mas eu não duvido delas. Aposto na fé. E assim tento compreender o incompreensível. Mas minha dúvida não rejeita o incompreensível.

Peter Wust diz que nós nos encontramos na meia-escuridão entre certeza e incerteza. Eu também conheço essa tensão quando me firmo no solo firme da fé. Isso impede que a minha certeza de fé se transforme em um fundamentalismo mesquinho e obstinado. É – como escreve Wust – uma certeza descontraída, uma certeza tranquila. Somente quando a certeza da fé se une à alegria, tranquilidade e amor é que ela corresponde à fé descrita pela carta aos Hebreus: "A fé é o fundamento do que se espera e a prova das realidades que não se veem" (Hb 11,1).

As pessoas que duvidam anseiam por essa certeza de fé e as pessoas que hoje são expostas a uma multiplicidade de visões do mundo. É o anseio por uma fé que sustenta, uma fé que não precisa ser constantemente questionada. E é o anseio por uma fé que é simples e que consiste na simples convicção: Deus está presente. Deus é bom. Deus quer o meu bem, mesmo que eu não entenda minha vida nem o mundo. Mas para mim é também uma certeza de fé que tem a coragem de confiar na Bíblia e de confiar na confissão de fé da Igreja, que sempre aceita esses textos como desafio de entendê-los, de interpretá-los, de lutar com eles até entendê-los. É uma fé otimista que não fecha os olhos diante das perguntas das pessoas e nem diante das perguntas que surgem no próprio coração. Mas para mim continua valendo: eu aposto na Bíblia. E confio que todas as palavras da Bíblia me mostram um caminho para a vida verdadeira. O que me orienta aqui é o lema de interpretação de Santo Agostinho: "A palavra de Deus é o adversário de tua vontade até se tornar o autor da tua salvação. Enquanto fores teu próprio inimigo, a palavra de Deus também será teu inimigo. Sê teu próprio amigo, então a palavra de Deus também estará em harmonia contigo". Eu não me pergunto se as palavras da Bíblia são apropriadas para o nosso tempo, se ainda valem ou não. Eu as aceito como palavra de Deus. E tento lutar com elas até entender o seu sentido. E um critério para saber se a minha interpretação é correta é se elas me ajudam a me tornar amigo de mim mesmo, a conviver comigo e com os outros de forma amigável.

Um homem me contou: No domingo de manhã, um vizinho tocou a campainha de seu apartamento alugado numa cidade no sul da Alemanha e pediu algo. Ele respondeu ao vizinho: "Infelizmente não posso agora, pois estou a caminho da missa". O vizinho ficou surpreso diante do fato de alguém fazer isso ainda em tempos tão esclarecidos como o nosso. Provavelmente, porém, ele ficou inseguro diante da firmeza e clareza com que o homem lhe disse isso. O homem era um homem intelectualmente aberto, não um fiel ingênuo. Mas a firmeza com que ele ia à missa todos os domingos a despeito de todas as suas dúvidas em relação aos conteúdos da fé tocou o vizinho. Mas, a fim de não admitir sua insegurança, ele teve que desvalorizar a missa e descartá-la como algo antiquado.

Em nossa sociedade insegura e desorientada, é bom quando os cristãos simplesmente se apoiam em sua certeza de fé e falam dela quando alguém os pergunta.

A pergunta é: como podemos alcançar essa certeza. Não se trata de reprimir as dúvidas. Mas a despeito de todas as perguntas que fazemos à Igreja de hoje, decidir ir à missa aos domingos gera uma clareza interior. A cada domingo, eu confronto a pergunta pelo sentido da vida e a questão da transcendência. Eu me pergunto o que realmente me sustenta. Nem sempre consigo identificar claramente o que me sustenta. Mas quando decido ir à missa ou praticar algum ritual espiritual diário, eu sinto o que me sustenta. Expor-se a Deus num ritual já dá sustento. Nem sempre experimentarei a presença de Deus na missa ou num ritual pessoal. Mas eu sei que me faz bem quando me exponho à proximidade de Deus. Isso pode acontecer num ritual pessoal com o qual inicio e encerro o dia. Isso pode acontecer na missa dominical. Eu reservo um tempo para ouvir os textos da Bíblia e sua interpretação pelo pregador e permito que eu seja questionado. Eu me exponho ao mistério da Eucaristia, onde celebro não só a transformação do pão e do vinho no corpo de Cristo, mas também a minha própria transformação. E sei que me faz bem permitir que eu seja transformado cada vez mais naquela imagem singular que Deus me atribuiu.

A reação do vizinho à ida regular à missa daquele homem mostra que hoje muitos anseiam pela certeza que a fé pode dar. Eles anseiam por pessoas que assumem a sua fé e que, ao mesmo tempo, encaram abertamente as perguntas deste mundo. E eles anseiam por uma certeza interior que os sustenta. Certeza não é segurança. A palavra alemã para certeza – "Gewissheit" – provém da palavra "wissen" – saber: certeza é aquilo que se sabe. E saber significa ver, reconhecer. A certeza se refere, portanto, a uma visão interior. Eu vi algo. Segurança, por sua vez, provém da palavra latina "securitas", que significa "sine cura" – sem preocupação. Existe uma despreocupação falsa, que não corresponde à essência do ser humano. O ser humano é – afirma Martin Heidegger – essencialmente um ser que se preocupa. Segurança é, portanto, uma ilusão. Pois não existe uma despreocupação radical. Existe apenas – como proclama Jesus – a relativização das preocupações, a transformação da preocupação medrosa em cuidado amoroso. Seguro significa originalmente na linguagem jurídica: estar sem castigo e obrigação. Segurança se refere mais a uma segurança externa. Nenhum perigo vindo de fora me ameaça. Mas certeza é uma postura interior. Eu reconheci algo e tenho certeza daquilo. Todos nós ansiamos por essa certeza em meio às incertezas deste mundo. No entanto, não alcançamos essa certeza se reprimirmos nossas dúvidas, mas quando as aceitamos e refletimos sobre elas. Então as dúvidas nos conduzem a uma certeza nova, a uma sabedoria nova, da qual Peter Wust falou.

Os primeiros monges desenvolveram dois métodos para alcançar a certeza interior: primeiro, a *lectio divina*, depois, a *ruminatio*, a repetição, a ruminação de uma palavra bíblica. Na *lectio divina*, eu leio as Escrituras Sagradas, mas não para aumentar meu conhecimento e não para questionar o texto, mas como palavra que Deus dirige a mim neste momento. O primeiro passo – a *lectio* – significa: eu leio a palavra de Deus para encontrar nela o coração de Deus. O segundo passo – a *meditatio* – consiste em permitir que a palavra caia no coração e em saboreá-la. Eu não questiono a palavra, mas tento vivenciá-la. Eu me pergunto: se essa palavra é verdadeira – e eu parto dessa suposição – como eu me vivencio, como eu me sinto, quem sou eu? O terceiro passo – a *oratio* – consiste em pedir a Deus que ele permita que eu realmente saboreie aquilo que sinto, que eu me torne totalmente um com a palavra. O quarto passo – a *contemplatio* – consiste em permitir que as palavras me conduzam para o espaço do silêncio, onde não existem palavras e onde eu me torno um com Deus.

Nos cursos, quando dou as instruções para esse exercício, eu sempre digo: quando lemos um texto, surgem dúvidas dentro de nós, nós nos perguntamos se Jesus realmente disse essas palavras ou o que o autor pensou ao escrevê-las. É importante satisfazer a nossa razão quando lemos a Bíblia. Mas agora, durante a *lectio divina*, fazemos de conta que o texto é verdadeiro. Guardamos as dúvidas para amanhã. Agora, simplesmente me confronto com as palavras, por exemplo, com a palavra da carta aos Gálatas: "Já não sou eu que vivo, é Cristo que vive em mim" (Gl 2,20). Quando tento saborear essa palavra, ela me conduz para uma certeza interior, para uma experiência profunda. Ela me conduz para o fundo da minha alma, onde sou um com Cristo e um com meu verdadeiro eu. Essa experiência interior me dá uma outra forma de certeza do que um argumento racional.

O outro método com que os monges pretendem nos levar a uma certeza interior é a *ruminatio*. Os monges emprestaram a palavra da ruminação das vacas. Assim como a vaca rumina o alimento, nós devemos ruminar a palavra de Deus até ela impregnar todo o nosso corpo e nos preencher com alegria e amor. Em minha insegurança, em minhas dúvidas em relação a mim mesmo, à minha saúde psíquica, à autenticidade da minha espiritualidade, eu recito a palavra de 2Cor 5,17: "Quem está em Cristo é criatura nova. O que é velho passou, e um mundo novo nasceu". Alguns acham que são apenas palavras. Mas quando permito que as palavras entrem em mim e eu as saboreio, elas me levam a uma certeza interior: Sim, em mim não existem apenas meus erros e minhas fraquezas, não é só o meu passado que me define, dentro de mim existe algo novo, criado pelo próprio espírito de Jesus. E esse novo me leva a uma nova experiência de mim mesmo.

Dúvidas em relação aos dogmas

Quando converso com pessoas que tinham servido como coroinhas em sua infância e depois se afastaram da Igreja, eu ouço com frequência: Não consigo acreditar nos dogmas. Duvido que Jesus tenha nascido de uma virgem, que Jesus era o Filho de Deus. Duvido da ressurreição dos mortos e da inerrância do papa. Essas pessoas acreditam que só existem duas possibilidades: ou o dogma é verdadeiro, ou ele está errado. Para mim, não existe essa alternativa. Em princípio, levo todos os dogmas muito a sério. Mas a minha tarefa é entender esse dogma. Eu fiz meu doutorado em teologia dogmática. E minha descoberta mais importante ao lidar com os dogmas foi: os dogmas não são expressão de uma pretensão de verdade, eles pretendem preservar o mistério e mantê-lo aberto. E a teologia dogmática é a arte de manter aberto o mistério indescritível de Deus e da nossa redenção.

Por isso, antes de discutirmos sobre o nascimento virginal de Jesus e sobre sua natureza como Filho de Deus, devemos refletir sobre o que essas afirmações querem nos dizer. Só existem dogmas soteriológicos, ou seja, dogmas que pretendem afirmar algo sobre a nossa salvação. Se Jesus nasceu biologicamente de uma virgem ou não, isso não determina se somos salvos ou não. É, portanto, uma afirmação teológica, não biológica. A teologia dogmática não pretende dizer nada sobre a biologia. Ela deixa isso em aberto. Mas o decisivo é que Deus estabelece um novo começo em Maria, a virgem, que dela nasce um homem que é totalmente impregnado por Deus.

Talvez uma pessoa que duvida consiga aceitar isso. E quando tentamos refletir sobre o significado de Jesus ter sido e ser o Filho de Deus, devemos contemplar toda a riqueza dessa afirmação. No Antigo Testamento, "filho de Deus" expressa primeiramente uma relação muito intensiva com Deus. Nesse sentido, os reis de Israel também eram filhos de Deus. Mas os teólogos gregos expressaram as afirmações bíblicas sobre uma proximidade especial de Jesus com Deus com a ajuda de sua filosofia. E quando refletimos filosoficamente sobre Jesus como Filho de Deus, isso nos leva à conclusão de que Jesus é o filho de Deus. O ser é mais do que um símbolo. É uma realidade. A filosofia grega expressa algo essencial de Jesus. Ele realmente é Filho de Deus. Mas não é fácil explicar o que isso significa exatamente. E os teólogos gregos discutiram durante séculos para explicar a relação correta entre Deus e o homem em Jesus. Devemos respeitar essas tentativas de explicação. Mas isso não significa que, com isso, tudo estaria dito uma vez por todas sobre o mistério de Jesus como Filho de Deus. Ainda hoje devemos tentar descrever esse mistério com a ajuda das nossas descobertas filosóficas e psicológicas. O importante é que não limitemos Jesus a algo que já conhecemos, mas que falemos dele de tal modo que o mistério seja preservado nele, que nós mesmos permaneçamos abertos para o incompreensível que encontramos em Jesus. Para Paul Tillich, Deus é aquilo que nos diz respeito incondicionalmente. Quando falamos de Jesus como Filho de Deus, isso significa que essa pessoa nos diz respeito, que não podemos nos colocar acima dela como que acima de uma pessoa limitada, determinada pelas condições históricas da época. Devemos nos confrontar com as palavras de Jesus, cientes de que é o próprio Deus que se dirige a nós.

Para mim, a alternativa não significa então rejeitar alguns dos dogmas, mas reinterpretar sempre de novo todos os dogmas. Teologia significa: entender o que eu acredito. E a pessoa que duvida tem o direito de exigir de mim que eu tente explicar a ele o mistério de Deus e de Jesus. Eu não posso lhe provar nada. Mas posso falar à sua razão de tal modo que ele não descarta esses dogmas como irracionais, mas chega a ter uma noção de seu significado mais profundo.

Muitos teólogos católicos tinham grandes dúvidas quando foram proclamados os dois dogmas mais recentes: o dogma de que Maria estava excluída do pecado original desde o momento de seu nascimento (proclamado pelo papa Pio IX em 1854) e o dogma da assunção de Maria com corpo e alma (proclamado pelo papa Pio XII em 1950). E podemos nos perguntar se foi muito sábio proclamar esses dogmas principalmente em vista dos nossos irmãos e irmãs evangélicos. Mas eu não tenho nenhum problema com esses dogmas. Como psicólogo, C. G. Jung aplaudiu o dogma da assunção de Maria, pois significa a valorização do feminino. Para mim, é importante ver ambos os dogmas como imagem da nossa própria salvação. É curador acreditar que, dentro de mim, existe um espaço em que não existe culpa nem sentimento de culpa. E é uma boa notícia quando celebramos a assunção de Maria e ouvimos que, na morte, seremos acolhidos como pessoas completas – ou seja, com corpo e alma, mesmo que transformados. Confio que, apesar das formulações às vezes um tanto difíceis desses dogmas, o Espírito Santo esteja operando para expressar algo essencial sobre a nossa própria salvação. No entanto, eu teria dificuldades se um papa tivesse a ideia de declarar como dogma uma teologia moral da Igreja. Sob o Papa João Paulo II, existiam essas tendências em Roma. Mas isso violaria todas as teologias dogmáticas católicas e todas as tradições teológicas. Pois não existem dogmas morais. A moral está sempre em movimento. Os dogmas sempre pretendem expressar algo sobre o mistério da nossa salvação. Mas eu tenho confiado que o Espírito Santo impede que teólogos romanos com uma formação ruim se imponham. E ele o tem impedido isso.

Hoje existem muitas pessoas que duvidam não só de dogmas individuais, mas que duvidam que qualquer pessoa possa prescrever ou impor algo em questões de fé. Hoje, o número das pessoas sem confissão está aumentando. Na Inglaterra, são chamadas de "nones". Pois quando informam a religião, elas não fazem um "x" nem em "cristã" nem em "outras", mas em "none" – nenhuma. Linda Woodhead, uma professora inglesa de sociologia religiosa, descreve esses "nones": "São aquelas pessoas que, em sua maioria, foram educadas de forma cristã e agora estão convencidas de que cabe a cada um decidir como ele pretende viver sua vida sem obedecer a uma autoridade maior. Os 'nones' rejeitam as religiões como fonte autoritária para os valores pessoais" (*Psychologie heute*, dez. 2018, p. 14). Mas muitas dessas pessoas se descrevem como religiosas. Elas estão abertas para a transcendência. "Elas não gostam de dogmas, não gostam de regras morais, rejeitam qualquer tipo de liderança. Os 'nones' querem tomar suas próprias decisões – ou pelo menos ter a sensação de que podem tomar decisões" (*Psychologie heute*, p. 14). Na Alemanha, os "nones" representam 34% da população, na Inglaterra, representam mais da metade da população. É um desafio novo para as igrejas estudar suas visões e levar à sério as suas dúvidas em relação às religiões estabelecidas.

No passado, as igrejas prescreviam exatamente o que as pessoas deviam acreditar e como deviam viver e se esqueceram da liberdade para a qual Jesus convidou as pessoas. Na conversa como os "nones" precisamos levar a sério suas dúvidas em relação aos dogmas, mas devemos também dizer que é também um ensinamento cristão que cada um deve viver de acordo com sua própria consciência. Em sua consciência, a pessoa é livre. Mas faz parte da minha educação estudar também a tradição. Isso vale para a filosofia, para a ciência natural e também para a religião. Como teólogos, não podemos nos apresentar como aqueles que sabem tudo melhor, mas como pessoas que buscam e duvidam, mas que buscam um fundamento em suas dúvidas que os sustente. Cada um deve encontrar esse fundamento para si mesmo. Mas como teólogos, nossa tarefa é acompanhar as pessoas na busca por esse fundamento. A tradição espiritual não é um sistema autoritário que as pessoas devem adotar. Mas ela oferece muita sabedoria e pode impedir as pessoas de seguirem um caminho errado.

Os "nones" não rejeitam apenas os dogmas, mas também a Bíblia como revelação de Deus que eles deveriam seguir e obedecer. Eles respeitam a Bíblia como um livro importante na nossa tradição ocidental. Bert Brecht, que confessava ser ateu, disse que a Bíblia era o livro mais importante para ele. A nossa tarefa é ajudar as pessoas na interpretação da Bíblia. Pois muitos não a entendem quando começam a lê-la. Muitas vezes, desistem de sua leitura. Outros pretendem ver a Bíblia como literatura e tentam se aproximar dela em liberdade, sem que um exegeta lhes diga como devem entendê-la.

Para mim é claro que eu me confronto sempre de novo com a Bíblia. Naturalmente, sei que ela não caiu do céu, mas que foi escrita por autores humanos. Mas mesmo assim vejo nessas palavras a palavra que Deus dirige a mim. Isso não significa que eu veja as palavras da Bíblia como absolutas. Preciso lutar com elas até entendê-las. Na discussão com o exegeta evangélico Ulrich Lutz, constatamos duas posições diferentes ao lidar com a Bíblia. Ulrich Lutz disse: ele gostaria de apagar algumas passagens bíblicas, porque elas o irritam. Eu respondi: minha abordagem é diferente. Eu tento levar a sério as palavras da Bíblia. Eu luto com elas até eu descobrir seu sentido mais profundo. No entanto, devo concordar com Ulrich Lutz em relação a algumas afirmações das epístolas do Novo Testamento. Às vezes, Paulo se expressa com muita paixão. Às vezes, as emoções o dominam. Nesses casos, não podemos atribuir um sentido absoluto a elas, mas relativizá-las no contexto histórico. A ciência bíblica crítica nos ensinou uma sensibilidade para como devemos entender determinadas passagens bíblicas. Mas para mim vale: eu não quero apagar nenhum texto. A minha tarefa é lutar com ele até eu entendê-lo melhor.

Mas quando aceito os textos bíblicos como dados por Deus, isso não significa que todos os textos têm o mesmo valor para mim. Não preciso interpretar literalmente os relatos de guerra do Antigo Testamento. Se o fizesse, minha imagem de Deus seria demasiadamente militarista. Já dentro da própria Bíblia, esses textos foram interpretados simbolicamente como luta contra os inimigos interiores, que ainda hoje querem nos dominar. Levar a sério os textos bíblicos não significa interpretá-los de modo fundamentalista. Os fundamentalistas ignoram que os textos bíblicos não são uma língua unificada, mas seguem padrões linguísticos muito diferentes. Existem histórias de cura, parábolas, fala figurativa, palavras de advertência, narrativas, histórias de encontros, histórias de chamado. E cada uma dessas formas possui seu próprio significado. É preciso buscar e perguntar para entender os textos bíblicos de acordo com aquilo que pretendem dizer e para que nos toquem pessoalmente.

Escolha uma afirmação dogmática da Igreja que você acha difícil de aceitar. Você pode tentar descobrir em livros o que ela significa. Ou confie em sua própria intuição. Tente entender para você essas afirmações teológicas, que podem ser bastante abstratas. Existem duas perguntas importantes que você deve fazer a si mesmo: 1. O que essa afirmação diz sobre Deus e sua relação com as pessoas? Qual são as boas novas dessa afirmação para nós? 2. O que essa afirmação diz sobre mim mesmo? Em que sentido essa afirmação é uma boa mensagem para mim? O que essas palavras querem dizer sobre minha salvação, sobre a cura das minhas feridas? Talvez você mesmo descubra o significado dessas palavras ao levar em conta esses dois critérios de que todas as afirmações dizem algo sobre a obra curadora e salvadora de Deus e sobre a nossa salvação, o nosso sucesso na vida.

Escolha uma passagem bíblica que já o irritou várias vezes, e então tente lutar com essa passagem. Se ela irrita você, pergunte a si mesmo: O que me irrita é a interpretação que já ouvi dela? Ela me irrita porque ela me lembra de velhas feridas da infância? Nesse caso, seria bom usar a palavra para analisar melhor as minhas feridas interiores. E então você pode se perguntar: Em que sentido essa palavra deseja me conduzir para a vida, para uma vida boa e bem-sucedida? E de quais expectativas da vida eu deveria me despedir para poder trilhar o caminho para o qual a palavra da Bíblia me convida? E também aqui vale o critério importante de que as palavras da Bíblia não querem nos assustar, mas abrir nossos olhos para a própria verdade e para o caminho de uma vida bem-sucedida.

Como lidar com as dúvidas dos filhos

Muitos pais me contam que seus filhos questionam a fé ou a rejeitam. Muitas vezes, são filhos na puberdade. É uma fase em que adotam um pensamento puramente científico-natural. Então dizem: não é possível provar que Deus existe. Só é possível provar aquilo que é visível. A ciência natural nos diz o que realmente existe e, para a ciência natural, Deus não existe.

Uma mãe me contou que, com quatro anos de idade, seu neto lhe disse: Deus não existe. Não existe nenhum criador. Pois foi o big bang que criou o mundo. Evidentemente, essa criança ouviu isso em algum lugar e o tomou como verdade absoluta. Mas os pais e avós são confrontados com esse tipo de perguntas nos dias de hoje. E elas desafiam os adultos a refletir sobre essas perguntas e sobre como responder a tais argumentos e dúvidas.

Às vezes, os jovens acatam os argumentos de Feuerbach, segundo o qual a religião é pura imaginação. O ser humano criou Deus para poder viver de modo mais confortável, para compensar seu medo da morte e da aniquilação. Às vezes, os jovens argumentam também com os escândalos da história da Igreja, sobre os quais ouviram na escola. Os padres abusaram sexualmente das crianças. Isso é um sinal de que sua mensagem é falsa.

Às vezes, os jovens nem rejeitam a fé. Mas eles dizem aos pais: a Igreja não significa nada para mim. A missa não me dá nada. Por isso, decidi que deixarei de frequentar a igreja.

Muitos pais não sabem responder aos argumentos de seus filhos. Faz pouco sentido responder aos seus argumentos e provar para eles que Deus existe. E não faz sentido sempre defender a Igreja. Aquilo que não foi bom não foi bom. É preciso admitir isso abertamente. E quando a missa não significa nada para os filhos, devemos aceitar isso. Mas poderíamos perguntar a eles: O que ajudaria você a refletir sobre sua vida e a encontrar um sentido na vida? E poderíamos dizer a eles: Faz sentido interromper a correria da vida por uma hora a cada semana para refletir sobre sua própria vida. Se a missa não for o lugar adequado para você, o que poderia ajudar você a obter clareza sobre aquilo que você quer fazer com sua vida e sobre o sentido que sua vida tem?

Os pais deveriam levar a sério as perguntas dos filhos e não fugir delas. Mas a melhor forma de fazer isso é fazer outras perguntas aos filhos. A primeira pergunta é: Como é que você imagina Deus? Qual é o Deus em que você não consegue acreditar? Muitas vezes, as respostas mostram que os jovens rejeitam um Deus que é um supercérebro ou um Deus que dirige tudo lá do céu e que controla tudo. Nesses casos, é bom falar do mistério de Deus, do mistério que é maior do que nós mesmos e que nos envolve. Se alguém acredita em Deus ou não, isso não depende de uma profissão de fé externa, mas se a pessoa está aberta para o mistério que a envolve.

E então poderíamos falar de valores invisíveis: do amor, que não pode ser provado, da beleza que transparece em tudo. O que é beleza? O que ouço quando ouço uma música bonita? A música não me abre para a transcendência, para o inaudível? O que eu vejo quando contemplo a beleza de uma flor ou de uma árvore? A beleza da criação não me remete à beleza primordial, que é o próprio Deus? Tudo isso pode ser compreendido pela ciência natural? Ou será que a ciência natural só descreve o exterior? E quando você tenta ouvir seu interior, o que você encontra lá? É só a sua própria biografia que está lá? Ou só seus padrões de vida doentios? Ou será que você percebe que existe dentro de você algo que é maior do que você?

Alguns jovens ouviram falar das descobertas da neurologia. Então argumentam que os sentimentos religiosos são simplesmente gerados em determinadas áreas do cérebro. Mas os mesmos sentimentos poderiam ser gerados também por outras causas. O cérebro é como o piano do pianista. Sem o pianista, o piano não produz música. O mesmo acontece com o cérebro. Os sentimentos são reações no cérebro. Mas a neurologia moderna mostra também que pensamentos, meditação, oração e fé podem gerar determinadas reações no cérebro. Não é o cérebro que gera os sentimentos religiosos, mas a nossa alma, o nosso espírito. O cérebro só reflete os sentimentos e as experiências religiosas.

Muitas vezes, os jovens só querem provocar seus pais com suas dúvidas e sua descrença. Eles querem ver o que realmente sustenta os pais e como eles entendem sua fé. Os pais devem aceitar essa provocação e buscar o diálogo com os jovens. Mas essa conversa não pode ser conduzida de forma autoritária. Os pais devem levar a sério as perguntas e os argumentos dos jovens. O desafio para os pais é, então, realmente refletir sobre aquilo que os sustenta e como eles entendem sua fé.

Quando os jovens citam os escândalos da história da Igreja como razão pela qual eles não conseguem crer, devemos admitir que muita coisa ruim aconteceu na história da Igreja. Mas então devemos também perguntar aos jovens:

"Por que você precisa de todos esses escândalos para provar que a fé não faz sentido? Por que precisa citar tantas razões para não crer? Por que você se defende tanto contra a fé? Não se esconde por trás de todas essas tentativas um anseio profundo por uma fé que sustenta você e na qual você pode confiar?" Essa pergunta gerará certa insegurança no jovem. E ele deixará de citar todos os erros da Igreja com tanta convicção para se defender contra a fé.

Converse com calma com seu filho ou sua filha sobre a fé. Mas liberte-se da pressão de ter que provar sua fé ao seu filho ou de ter que convertê-lo para a fé. Simplesmente pergunte como seus filhos veem a fé, o que eles não entendem, onde eles têm dúvidas. E pergunte simplesmente o que os sustenta, o que é importante para eles, o que eles querem deixar com sua vida e neste mundo. E então tente descrever a sua fé. Não esconda suas dúvidas, mas conte como você deseja crer apesar das suas dúvidas e onde você consegue fazer isso. O importante é que você expresse seu respeito diante da visão dos seus filhos e que você fale honestamente sobre sua própria fé. Isso será um desafio também para você: prestar contas a si mesmo sobre sua fé, sobre aquilo que sustenta você e sobre aquilo que a fé significa para você.

O objetivo dessa conversa não é chegar a um consenso, mas respeitar as opiniões de cada um. Quando você não quer convencer os filhos de sua fé, a conversa pode se tornar inspiradora também para os seus filhos. Eles o entenderão melhor.

Pode acontecer também que os filhos se neguem a uma conversa. Isso mostra que eles não têm tanta certeza de suas dúvidas em relação à fé e que, talvez, eles mesmos duvidam de suas dúvidas. É difícil aceitar essa recusa de diálogo. Mas você pode pelo menos expressar o desejo de querer saber o que os filhos pensam e o que os preocupa.

Fé e desespero

Um tipo especial de dúvida é o desespero. O desespero é "a reação afetiva a uma situação sem saída real ou imaginada" (Seigfried, *LexSpir*, p. 1.057). As razões desse desespero estão ou na percepção do próprio fracasso – temos a impressão de que simplesmente não conseguimos realizar aquilo que queremos, de que não conseguimos corresponder à nossa autoimagem e que fracassamos diante de Deus – ou na experiência de um sofrimento sem sentido. Não vemos nenhuma saída. Tudo exige demais de nós. Desespero pode ser as duas coisas: expressão de pecado, mas também expressão de uma experiência sofrida que supera a força do ser humano. O desespero nesse segundo sentido pode remeter o cristão a Deus, que, em meio ao desespero, é o único fundamento que sustenta. Quero agora descrever ambos os aspectos do desespero.

O desespero como pecado

Viktor Frankl, o fundador da logoterapia, acredita "que, no fundo, a causa de todo desespero é a idolatria" (Frankl, *Der Mensch*, p. 145s.). Eu me desespero porque aquilo que eu idolatrei ruiu ou mostrou ser uma ilusão. Muitas vezes, o desespero é acompanhado pelo desmascaramento das ilusões que tínhamos a respeito de nós mesmos. Mas não suportamos quando essas ilusões implodem.

Não aproveitamos essa implosão como chance de refletir sobre nós mesmos e de nos aceitar do jeito que somos. Em vez disso, nós nos agarramos às ilusões. Ao mesmo tempo, porém, reconhecemos que nunca as alcançaremos. A nossa tarefa é nos despedir das nossas ilusões para dissolver a idolatria. Frankl exige de uma mulher, que via sua existência como mãe como algo absoluto e a idolatrava e não conseguia se realizar: "Pois só se ela reverter essa idolatria ela deixará de ser vítima do desespero" (Frankl, p. 146). Para Viktor Frankl, outra razão do desespero é quando a pessoa duvida do sentido da vida. Quando a vida deixa de fazer sentido, não duvidamos apenas, nós nos desesperamos. Nada faz sentido. Por isso, a cura do desespero consiste em descobrir um sentido na vida. Isso é um grande desafio principalmente em meio ao sofrimento. O sofrimento em si não tem sentido. Cabe a nós encontrar uma postura em relação ao sofrimento. Frankl fala dos valores de postura que podem dar um sentido e valor até mesmo ao sofrimento. Frankl conta o exemplo de um velho médico que o procurou porque não conseguia superar a morte de sua esposa amada.

"Pergunto ao paciente depressivo se ele já imaginou o que teria acontecido se ele tivesse morrido antes de sua esposa. 'Nem ouso imaginar', ele responde, 'minha esposa teria se desesperado'. Agora, só me resta lhe dizer: 'Veja bem, o senhor poupou sua esposa disso, mas pelo preço de sentir a falta dela'. No mesmo instante, seu sofrimento adquiriu um sentido: o sentido de um sacrifício. Não havia como mudar o destino, mas a postura tinha sido transformada!" (Frankl, Der Mensch auf der Suche na Sinn, 86). Nossa tarefa é encontrar um sentido para a nossa vida em meio ao desespero provocado pelo sofrimento. Muitas vezes, isso demora. Primeiro devemos suportar o desespero.

Mas não podemos nos enterrar nele. Quando fazemos isso, o desespero pode se transformar em pecado. Em algum momento, devemos reagir ativamente tentando dar um sentido ao nosso sofrimento. Nesse contexto, Frankl cita Friedrich Nietzsche, que disse: "Aquele que tem um 'por quê' para viver suporta quase qualquer 'como'" (Frankl, Die Kunst, sinnvoll zu leben, 27). Um sentido importante que encontramos na vida consiste em nos dedicar ou a uma causa ou às pessoas. Frankl escreve: a autoentrega, a dedicação "é o mistério de toda autorrealização, e ninguém o expressou melhor do que Karl Jaspers quando ele fala do 'poço sem fundo da existência humana fundamentada em si mesma', ao afirmar que o ser humano 'se torna humano sempre que se entrega ao outro'" (Frankl, p. 161s.).

No desespero, eu desisto da esperança. E esperança é uma virtude divina, uma postura que Deus nos dá e que devemos exercitar. Josef Pieper chama o desespero de "antecipação do não cumprimento" do sentido da existência. Josef Pieper descreveu o desespero como pecado e citou passagens interessantes dos Padres da Igreja. Isidoro de Sevilha diz, por exemplo: "Desesperar-se significa descer para o inferno" (Pieper, p. 51). E Pieper cita uma palavra de Santo Agostinho: "Estas duas coisas matam a alma: o desespero e a esperança falsa" (Pieper, p. 51s.). O desespero diz: "O nosso fim será péssimo" (Pieper, p. 52). Aquele que se desespera com a vida eterna nega o caráter de caminho da existência humana. Nesse contexto, Pieper cita Paschasius Radbert: "Ao desespero falta o pé para trilhar o caminho que é Cristo". Aqui, Paschasius vincula "spes = esperança" a "pes = pé". Para Pieper, a essência do pecado se expressa no desespero: "de contrair a realidade. O desespero é a negação do caminho para a realização" (Pieper, p. 55). E assim, Pieper chama o espero uma "contradição em si, um autodilaceramento". "No desespero, o ser humano nega seu próprio anseio, que é indestrutível como ele mesmo" (Pieper, p. 56). É por isso que Tomás de Aquino afirma que o desespero é o pecado mais perigoso. Ele ameaça a existência do ser humano, que está essencialmente ligada à esperança. Os latinos dizem: "Dum spiro spero" = enquanto respiro, espero. O desespero viola esse princípio. Ele desiste da esperança. E assim João Crisóstomo pode dizer: "Não é o pecado que nos lança na perdição, mas o desespero" (Pieper, p. 56s.). O pecado pode nos levar ao arrependimento, mas o desespero nos rouba qualquer esperança de conversão. Nós afundamos no desespero. E esse desespero nos isola. A poeta alemã Else Passek (1932-2010) diz: "Nunca somos mais solitários do que no desespero". O desespero nos lança em solidão profunda. Não vemos um sentido na vida nem pessoas que nos apoiam.

O verdadeiro teólogo do desespero é Sören Kierkegaard, que esteve à beira do desespero quando escreveu seu livro sobre o desespero "A doença para a morte". Drewermann descreve a essência do desespero desta forma: "Desespero é isto: querer estar morto e estar cansado da vida, mas não poder morrer, estar morto vivo e sufocar na vida morta" (Drewermann, p. 129). Para Kierkegaard, é pecado desesperar-se. O desespero revela uma relação errada conosco mesmos, uma postura errada em relação a nós mesmos. Acreditamos estar desesperados quando algo que amamos, a nossa casa, por exemplo, é destruído ou um ente querido morre. Na verdade, porém, nós já estávamos desesperados conosco mesmos. Víamos todo o nosso apoio na casa ou no ente querido, mas não em nós mesmos. Por isso, Drewermann pergunta ao desesperado: "Por que você acreditou poder viver apenas por meio do afeto de determinada mulher, de determinado grupo, por meio de determinados reconhecimentos etc.? Evidentemente, porque você não se conhecia, porque você não vivia, mas era vivido e porque você tinha se exteriorizado completamente em sua vida" (Drewermann, p. 131). Por isso, o desespero diante da perda mostra que, no fundo, sempre já estávamos desesperados, mas tínhamos encoberto esse desespero com nossa busca constante por reconhecimento e sucesso ou por meio de uma correria incessante. Essa é a verdadeira "tese de Kierkegaard sobre o tema do desespero: que ninguém jamais se desespera por causa de algo externo, mas sempre por causa de si mesmo; em outras palavras, o *desespero* é sempre *uma relação errada consigo mesmo*" (Drewermann, p. 132).

Paulo conhece outro tipo de desespero. Ele o descreve em Rm 7. Paulo se desespera consigo mesmo porque não consegue realizar o bem que deseja. "Não faço o bem que quero e sim o mal que não quero. Se faço o que não quero, já não sou eu que faço, e sim o pecado que mora em mim" (Rm 7,19s.). Paulo se desespera diante dessa experiência de si mesmo. E assim ele exclama: "Infeliz de mim! Quem me livrará deste corpo de morte?" (Rm 7,24). Mas Paulo não fica atolado no desespero. Ele se desespera no cumprimento da lei. Mas esse desespero o leva a Deus. E lhe permite compreender de forma nova o mistério de Jesus Cristo e de sua morte na cruz. Assim, imediatamente após a experiência do fracasso, ele exclama: "Graças sejam dadas a Deus, por Jesus Cristo, nosso Senhor" (Rm 7,25). E pouco depois: "De agora em diante, pois, já não há condenação alguma para aqueles que estão em Cristo Jesus. A lei do espírito da vida em Cristo Jesus te libertou da lei do pecado e da morte" (Rm 8,1s.).

Paul Tillich lembra que a palavra em inglês para desespero é "despair": estar sem esperança. A palavra "expressa uma situação sem saída" (Sys II 84). A palavra alemã "Verzweiflung", por sua vez, expressa uma dúvida radical, uma dúvida que duvida de tudo. Tillich vê a razão do desespero na alienação do ser humano de seu verdadeiro ser e seu eu verdadeiro, e também de Deus. O desespero sempre está ligado a medo, culpa e perda de sentido. "O tormento do desespero é o sentimento de sermos nós mesmos responsáveis pela perda de sentido da existência e de sermos incapazes de reconquistá-lo. Estamos presos a nós mesmos e somos obrigados a travar esse conflito conosco mesmos. Não temos para onde fugir, pois é impossível escapar do eu" (*Sys* II, p. 84). Alguns acreditam que podem escapar do desespero através do suicídio. Mas o suicídio "não é uma saída definitiva. Ele não nos livra do julgamento diante do eterno" (Tillich, p. 85). Assim, o ser humano tenta se desviar do desespero "elevando uma segurança ou certeza finita a uma posição absoluta" (Tillich, p. 83). Ao mesmo tempo, porém, ele está cheio de ódio contra "aqueles que ameaçam a segurança e a certeza falsas" (Tillich, p. 83). Outra saída consiste em ignorar a pergunta pelo sentido. Muitas vezes, porém, isso resulta em "inquietação, vazio, cinismo e falta de sentido" (Tillich, p. 83). Por isso, trata-se de trilhar caminhos diferentes para superar o desespero.

Lembre-se de uma situação em que você esteve desesperado. Se não puder lembrar nenhuma situação desse tipo, melhor para você. Você deveria ser grato. Nesse caso, você pode pensar em outras pessoas cujo desespero você vivenciou.

Quero citar apenas dois exemplos: Você – ou outra pessoa – está desesperado porque sua esposa o abandonou. É compreensível que, a princípio, surjam sentimentos de desespero. É como se sua esposa tivesse puxado o tapete sob seus pés. Você construiu sua vida sobre o amor pela sua esposa. Agora, o fundamento de sua vida ruiu. Mas agora contemple se as duas afirmações de Viktor Frankl e Sören Kierkegaard se aplicam. 1. Segundo Frankl, você pode se perguntar se você idolatrou seu relacionamento com sua esposa, se você construiu toda a sua identidade sobre a relação. Nesse caso, seria importante encontrar sua própria identidade. Você é mais do que o marido de sua esposa. Você também é você mesmo. O que sustenta você? Onde você encontra um chão que te sustenta? Talvez a fé seja o fundamento que lhe dá sustento em meio à sua crise? 2. Segundo Kierkegaard, você deveria se perguntar se seu desespero já existia antes da perda, porque você se desesperava consigo mesmo, porque você não se relacionava consigo mesmo. Você só conseguia se sentir quando sua esposa estava com você, quando sentia o amor dela? Você se alienou de si mesmo? Você realmente se relacionava consigo mesmo?

Fazer essas perguntas dói. Mas elas podem tirar você de seu desespero e ajudar você a entrar em contato com o fundo da sua alma. Lá você é totalmente você mesmo. Lá, ninguém pode ferir você, nem mesmo sua esposa com suas acusações que ela agora levanta contra você. Tente atravessar a dor do desespero até alcançar o fundo interior da alma e entrar em contato consigo mesmo. Assim, o desespero se dissolverá aos poucos.

O outro exemplo: você sofre de uma doença terminal. Você sabe que sua doença está avançando e resultará na morte. Você está desesperado porque sua vida está chegando ao fim. Você está desesperado porque não poderá estar presente para a sua família, porque abandonará sua esposa e seus filhos. Você está desesperado, porque nada parece fazer sentido. Você ainda tinha tantos planos, tantas ideias. Agora, não pode mais realizá-los. Mas também aqui você deveria fazer as duas perguntas de Viktor Frankl e Sören Kierkegaard: eu idolatrei minha saúde, meu trabalho, meu desempenho, minha família? Eu me defini a partir de coisas externas? Como posso dar um sentido à minha vida limitada, à minha doença? A despeito da minha doença, ainda consigo deixar um rasto de esperança e de amor neste mundo? Eu posso ser uma bênção para a minha família em minha doença? Essas perguntas não dissolverão o desespero. Mas essas perguntas podem ajudar a relativizar o desespero. E, às vezes, em meio ao desespero, florescerá a esperança, a esperança de que a sua vida – do jeito que era e é – foi boa e que, agora, você e sua doença podem ser uma bênção para todos que tiverem contato com você.

O DESESPERO COMO EXPERIÊNCIA FUNDAMENTAL DO SER HUMANO

Quando refletimos sobre o desespero, não podemos ignorar o grito de Jesus na cruz: "Meu Deus, meu Deus, por que me abandonaste?" (Mt 27,46). Em seu livro *Der gekreuzigte Gott* [O Deus crucificado], Jürgen Moltmann descreveu o abandono por Deus como aspecto principal da morte de Jesus: "Precisamos compreender seu abandono pelo Deus e Pai, cuja proximidade ele proclamara de modo singular e festivo, para entender a peculiaridade de sua morte. No contexto de sua comunhão singular com Deus em sua vida e proclamação, Jesus morreu em abandono singular por Deus" (Moltmann, p. 142). Este certamente é um aspecto da morte de Jesus: seu sentimento de ter sido abandonado por Deus. No entanto, não podemos entender esse abandono e o desespero causado por esse abandono como algo absoluto. Pois Jesus dirigiu essas palavras ao seu Pai. Pinchas de Lapide mostra que esse grito de Jesus não foi um desespero absoluto. Em primeiro lugar, Jesus dirigiu esse grito a Deus. Ele não gritou seu desespero para o vazio. Em segundo lugar, Pinchas de Lapide demonstra que a introdução desse versículo com "legon" é uma expressão típica de que Jesus recitou todo o Salmo 22. Primeiro, Mateus diz que Jesus gritou, mas depois fala de "legon": ele disse essas palavras, ele recitou esses versículos. Mas devemos ouvir também o desespero de Jesus.

Ele confiou em Deus. Mas agora ele parece ter sido excluído e abandonado por todas as pessoas. O Salmo 22 descreve essa aflição interior. Mas quando Jesus expressa essa aflição diante de Deus, ela já é transformada. Jesus lamenta: "Mas eu sou um verme e não mais um homem, injuriado pelos homens e desprezado pelo povo. Todos os que me veem zombam de mim, torcem os lábios e meneiam a cabeça" (Sl 22,7s.). Mas então ele volta a se dirigir ao Pai: "Na verdade, és tu que me tiraste do ventre materno e me confiaste aos seios de minha mãe. Desde o nascimento fui entregue a ti, desde o ventre de minha mãe és tu meu Deus. Não fiques longe de mim, pois o perigo está perto, e não há quem me ajude" (Sl 22,10-12). Só Deus pode ajudá-lo. E depois de mais uma descrição de sua aflição e de seu abandono, Jesus volta a confiar em Deus: "Vós, que temeis o SENHOR, louvai-o! Glorificai-o vós todos, descendentes de Jacó! Respeitai-o vós todos, descendentes de Israel! Porque ele não desprezou nem desdenhou o aflito em sua aflição, nem lhe ocultou sua face, mas ouviu-o, quando lhe gritou por socorro. De ti vem meu louvor na grande assembleia. Cumpro meus votos diante dos que o temem" (Sl 22,24-26).

Assim, Jesus nos mostra um caminho para lidarmos com nosso desespero. Podemos permitir esse sentimento e exclamá-lo diante de Deus. Mas devemos ter a esperança de que Deus transformará a nossa situação, que ele nos salvará da situação sem saída. Aqui, Jesus segue a tradição judaica. No holocausto, os judeus suportaram um sofrimento infinito. Mas muitos se agarraram a Deus. Com a ajuda dos salmos, eles descreveram o seu sofrimento e abandono. Só não entenderam o que Deus queria. Mas confiaram que Deus faria justiça, como os salmos repetem tantas vezes.

A fé de Friedrich Nietzsche o levou ao desespero. De um lado, Jesus o fascinava e ele não conseguiu se livrar dele durante toda a sua vida. Ele via em Jesus a união de todos os opostos. Nietzsche se decepcionou com o cristianismo que havia perdido o seu vigor. Assim, ele tentou com todas as forças ser um buscador de sentido fora do cristianismo. Mas isso o levou ao desespero e à catástrofe psíquica. Mas em seu desespero ele ainda tinha uma noção de que Deus era seu último apoio. Em seu desespero, ele ansiou por Deus. Ele disse: "Onde desespero e anseio se unem, surge o misticismo". É uma palavra surpreendente. Mas eu não posso me acomodar em meu desespero. O desespero precisa do polo oposto do anseio. O anseio é parte essencial do ser humano. Segundo Agostinho, o ser humano é essencialmente um ser que anseia. Ele anseia por amor, acolhimento, por um lar, mas também por sucesso e reconhecimento. Segundo Agostinho, o anseio por coisas terrenas também contém o anseio pelo absoluto, por Deus. Por isso, vale conectar esses dois polos – o desespero e o anseio.

Quando suporto essa tensão entre desespero e anseio, resulta o misticismo, então dou um salto para dentro de Deus e vislumbro o que significa ser um com Deus. O desespero quebra o meu ego, o anseio estende a minha alma até Deus. Assim, a união de desespero e anseio pode me conduzir até o amor de Deus.

Eu não possuo Deus, mas ouso o salto para dentro dele, na esperança de que isso transformará o meu desespero em um novo acolhimento. Eu vivencio um lugar em que eu posso viver. É o lugar do misticismo. Mas não é um lugar no qual eu possa me acomodar, ele sempre é apenas uma ideia de que existe uma união que une todos os opostos. Foi essa união a despeito de todos os opostos que Nietzsche vivenciou em Jesus. No misticismo vislumbramos algo dessa união de todos os opostos.

O desespero pode fazer com que as pessoas se "voltem inteiramente para Deus". Os salmos de lamento mostram que o desespero "pode se tornar o início de uma nova vida com Deus" (Seigfried, *LexSpir*, p. 1.058). Justamente em momentos em que não sei mais para onde ir e o que fazer, a experiência do vazio pode se tornar uma experiência de plenitude, e o desespero pode se transformar em uma nova confiança. Origines o formula assim: "A humanidade não suporta a proximidade constante de Deus, por isso, precisa, de vez em quando, da distância de Deus, para, numa era de uma cultura secularizada, voltar a aprender quão pobre ela seria sem Deus" (Wust, p. 291). Origines interpreta o abandono por Deus, o desespero, como algo positivo. Ele acredita que esse desespero é necessário para sentirmos o que somos sem Deus e como ele poderia nos acolher.

Hermann Hesse reconheceu o efeito positivo do desespero no fato de que ele nos aponta para a graça de Deus. Assim ele escreve numa carta que nosso caminho da luta pelo bem termina no desespero, "no reconhecimento de que a realização da virtude, a obediência total não existe, que a justiça é inalcançável. Esse desespero ou leva à ruína ou a um terceiro reino do espírito, à vivência de um estado que se encontra além da moral e da lei, da graça e da redenção, a um novo tipo mais elevado de irresponsabilidade, ou seja, à fé" (Hesse, p. 389). É só quando reconhecemos, após termos lutado por uma vida segundo a vontade de Deus, que jamais a alcançaremos a nossa transformação, obtemos uma noção daquilo que significa ter fé, que nos deixamos cair nos braços de Deus e nos confiamos a ele. O desespero comigo mesmo me conduz para Deus. Eu caio nos braços de Deus e vivencio que Deus me levanta e me dá a graça de viver a "humanitas", a humanidade, não por força própria, mas pela graça do espírito de Deus.

André Louf, o abade trapista, fez uma experiência semelhante. Ele diz que a ascese pode levar o ser humano ao desespero porque ele nunca alcança o que pretende. Mas é justamente nesse desespero que ele vivencia o que é a graça de

Deus. A graça de Deus pretende nos levar até o fundo do poço. "A prova espiritual decisiva leva o monge à beira do desespero, ao limite da possibilidade de perder a razão. E isso pode acontecer se a graça não o salvar de sua mais profunda fraqueza. Isso não surpreende; quando os muros da humildade e da perfeição falsas são destruídos, então tudo volta a ser possível" (31). Quando os ideais aos quais o monge se agarrou por tanto tempo são destruídos, nada lhe resta senão entregar-se a Deus. O desespero consigo mesmo deveria levar o monge a se confiar incondicionalmente a Deus e à sua graça.

Medite sobre a passagem de 2 Coríntios em que Paulo fala de seu desespero consigo mesmo (2Cor 12,7-10). Paulo sofria de uma doença que o humilhava. Ele queria ser um bom apóstolo e proclamar a mensagem de Jesus com vigor aos Coríntios. Mas um mensageiro de Satanás, assim escreve ele, colocou um espinho em sua carne. Os exegetas não sabem qual era essa doença. Muitas sugestões foram feitas: epilepsia, nevralgia, enxaqueca etc. Não temos mais como saber. E isso é bom. Assim podemos reconhecer-nos nele.

Talvez você conheça essa situação: você quer mostrar desempenho em seu trabalho, se apresentar com autoconfiança na frente de seus colegas. Mas você tem uma doença que sempre lhe dá uma aparência de fraqueza. Ou você é uma terapeuta que quer acompanhar outras pessoas e transmitir-lhes segurança e confiança. Mas você é depressiva, e isso paralisa você por um tempo. Você quer proclamar a fé aos outros. Mas você está cheio de dúvidas. Ou você apresenta uma fraqueza psíquica quando fala da fé. E você pensa: O que os outros acharão de mim se eu falar de fé e confiança quando eu mesmo tenho problemas psíquicos? O que será se eles perceberem o quão inseguro sou?

Paulo pediu três vezes que Cristo o libertasse dessa doença para que ele pudesse proclamar o Evangelho com mais convicção. Esse pedido repetido três vezes lembra a luta de oração de Jesus no Monte das Oliveiras. Lá, Jesus pediu três vezes que Deus fizesse passar por ele o cálice do sofrimento. Mas Deus não o poupou do cálice. Ele só enviou um anjo para fortalecer Jesus em seu medo. E assim Jesus diz a Paulo: "Basta-te a minha graça, porque é na fraqueza que a força chega à perfeição" (2Cor 12,9). Paulo estava desesperado. Todas as tentativas de se livrar de sua doença – a oração, a espiritualidade, a fé na força curadora de Jesus – não adiantaram. Jesus não tira dele o desespero, mas lhe mostra o caminho de se confiar totalmente à graça de Deus. Paulo pode ser fraco, ele pode estar doente. Ele não deve lutar contra isso, mas usar seu desespero como trampolim para saltar para dentro da graça de Deus.

Considerações finais

Vimos que dúvida e desespero não são fenômenos exclusivamente religiosos, mas também um problema psicológico. A dúvida é parte essencial do ser humano. Sem dúvidas, o ser humano não se desenvolveria, a ciência não avançaria. E vimos que muitas pessoas duvidam de si mesmas, que elas são inseguras e que duvidam de seus parceiros. Não se trata de reprimir a dúvida, mas de percebê-la, entrar num diálogo com ela. Assim, a dúvida pode nos levar a uma nova visão de nós mesmos e do nosso parceiro.

Um tema importante é a relação entre fé e dúvida. Foi desse tema que tratamos principalmente neste livro. Querendo ou não, dúvidas surgem também em pessoas de fé. Não devemos nos assustar com isso, mas aceitá-las como desafio de tomar uma decisão em prol da fé. Ao mesmo tempo, a dúvida nos obriga a purificar a nossa fé de todas as projeções e fantasias. Pois é esta a acusação dos racionalistas: nós usamos a fé para nos iludir para podermos viver melhor. A fé é certamente um modelo de compreensão que nos ajuda a viver bem e a lidar com situações difíceis na vida como doença e morte. Mas a fé não é ilusão. Ela é justificada.

A dúvida nos convida a justificar a nossa fé diante da razão. Ao mesmo tempo, a dúvida nos mostra algo essencial da nossa fé: a fé não é contra a razão, mas transcende a razão.

E fé é também um ato de vontade. Eu me decido em prol da fé a despeito de todas as inseguranças que acompanham todas as decisões. Mas quando tomo a decisão em prol da fé, cresce em mim a confiança de que eu tomei a decisão certa. E cresce a confiança de que eu me sustento num fundamento sólido, que me dá um apoio na vida. E assim espero crescer cada vez mais na certeza de fé, numa confiança naquele Deus que é a realidade verdadeira e me permite viver de acordo com a minha natureza.

O tema fé e dúvida, porém, envolve mais do que um processamento racional das dúvidas. No fundo, a dúvida nos aponta para um caminho místico. Quando fazemos uma experiência profunda de união com Deus, conosco mesmos e com o mundo inteiro, a dúvida é superada. Mas essa superação só pode ocorrer se atravessarmos a dúvida e alcançarmos o fundo da nossa alma. Lá, no fundo da nossa alma, encontramos um lugar que se encontra além de todas as dúvidas, além de todas as oposições, além das possibilidades duplas com as quais somos confrontados o tempo todo. Quando experimentamos a união com tudo no fundo da nossa alma, alcançamos o lugar que as dúvidas não podem acessar. Mas não devemos nos acomodar nesse espaço interior. Às vezes, podemos vivenciá-lo. Mesmo assim, reconhecemos que existe um caminho para superar as dúvidas: o caminho místico que o cristianismo e outras religiões nos mostram.

Existem muitas formas de dúvida. A dúvida absoluta leva ao desespero. O desespero também é um fenômeno que muitas pessoas vivenciam no próprio corpo. O desespero pode levar a uma crise interior, às vezes, até ao suicídio. Mas ele também pode ser um desafio de se voltar para dentro e de encontrar um espaço de acolhimento e sustento no interior. O desespero pode ser um desafio espiritual de nos despedir de todas as "idolatrias", como diz Viktor Frankl. O desespero nos mostra que um fundamento importante sobre o qual construímos nossa vida ruiu. Quando permitimos que isso aconteça, temos a chance de ir mais fundo, até alcançarmos o fundo que não pode ruir, o fundo da alma, onde somos um com Deus.

Assim, desejo a todos os leitores que eles possam contemplar aberta e honestamente todas as dúvidas que surgirem neles: as dúvidas em relação a si mesmos, as dúvidas em relação a outras pessoas e as dúvidas na fé. Espero que vocês não menosprezem a dúvida, mas a aceitem como desafio para entrar em contato consigo mesmos e para crescer na fé. Desejo que suas dúvidas os levem a uma fé que os sustenta. E desejo que, nessa fé, vocês possam vivenciar também uma certeza de fé, um fundamento sólido que nenhuma dúvida possa tirar de vocês. A reflexão sobre a dúvida nos introduz no mistério da existência humana e no mistério de Deus. E assim desejo que, a despeito de todas as dúvidas, todas as ambiguidades, vocês possam descobrir um fundo dentro de vocês onde a dualidade é superada e um lugar que se encontra além de todas as dúvidas.

Referências

Beiner, M. Zweifel. *TRE* 36, p. 767-772.

Cioran, E.M. *Werke*. Frankfurt, 2008.

Dirks, W. *Die Wette – Ein Christ liest Pascal*. Freiburg, 1981.

Drewermann, E. *Psychoanalyse und Moraltheologie*. Vol 1: Angst und Schuld. Mainz, 1982.

Frankl, V.E. *Der Mensch auf der Suche nach Sinn*. Viena, 1959.

Frankl, V.E. *Die Kunst sinnvoll zu leben*, ...

Fries, H. Einheit. *HthG*, Munique, 1962, p. 259-269.

Geissler, H. *Kann man noch Christ sein, wenn man an Gott zweifeln muss?* Berlim, 2017.

Louf, A. *Demut und Gehorsam bei der Einführung ins Mönchsleben*. Münsterschwarzach, 1979.

Merton, T. *Asiatisches Tagebuch*. Zurique, 1987.

Moltmann, J. *Der gekreuzigte Gott*. Munique, 1972.

Moltmann, J. Leiden/Theodizee. *Lexikon der Spiritualität*. Freiburg, 1988, p. 775-782.

Pieper, J. *Über die Hoffnung*. Munique, 1949.

Tillich, P. *Systematische Theologie.* Vol. II. Stuttgart, 1958.

Tillich, P. *Systematische Theologie.* Vol. III. Stuttgart, 1966.

Wust, P. *Gesammelte Werke.* Vol. IV: Ungewissheit und Wagnis. Münster, 1965.

Leia também!